Roman Herzog

Europa neu erfinden

W0189791

Roman Herzog
Europa neu erfinden
Vom Überstaat zur Bürgerdemokratie

Siedler

Erste Auflage
März 2014
Copyright © 2014 by Siedler Verlag, München,
in der Verlagsgruppe Random House GmbH

Umschlaggestaltung: Rothfos & Gabler, Hamburg
Lektorat: Annalisa Viviani, München
Satz: Ditta Ahmadi, Berlin
Druck und Bindung: GGP Media GmbH, Pößneck
Printed in Germany 2014
ISBN 978-3-8275-0046-5

www.siedler-verlag.de

Inhalt

Vorwort

Die Thesen, die auf den folgenden Seiten entwickelt werden, sind im Laufe vieler Jahre, gewissermaßen stufenweise, entstanden. Darum haben zwangsläufig einzelne Formulierungen aus Zeitungsartikeln, Interviews, Vortragstexten, zuletzt aus meinem Beitrag zur Festschrift für Hans-Jürgen Papier – verändert oder unverändert –, auch in das vorliegende Manuskript Eingang gefunden. Da man sich schon begrifflich nicht selbst plagiieren kann und die einschlägigen Fundstellen dem Leser nur sehr schwer zugänglich sind, finde ich selbst bei Anlegung strengster Maßstäbe daran nichts Verwerfliches. Schließlich besteht Wissenschaft seit jeher darin, dass in ein bestehendes Gebäude zwar immer wieder neue Steine eingefügt werden, die bereits gelegten Steine aber unverändert bleiben.

Wer heute »Europa« sagt, meint in aller Regel den »Euro«. Bei den Sorgen, die sich viele Bürger um Wohlstand und Alterssicherung machen, ist das verständlich. Aber diese Einengung lenkt von den vielen anderen Problemen ab, die die europäische Integration, die Europäische Union (EU) und ihre sich dramatisch ändernden Funktionen in der Welt tagtäglich zu bieten haben.

Die Neuordnung der immer heterogener werdenden Welt schreitet voran. Daraus entstehen neue Probleme und Krisen, die auch Europa betreffen und deren Bewältigung für Europa vitale Bedeutung hat. Am wichtigsten aber ist und bleibt, ob

Europa stark und selbstbewusst genug ist, sich erfolgreich mit dieser Lage auseinanderzusetzen, insbesondere, ob es in seiner Struktur freiheitlich genug ist, so rasch und kenntnisreich zu reagieren, dass Aussicht auf Erfolg besteht – auf europäischen Erfolg. Wer das Europa von heute betrachtet, wird auf all diese Fragen nicht so leicht eine bejahende Antwort geben können.

Die Fehler und Fehlentwicklungen, die damit angesprochen werden, sind nicht erst seit 2008 entstanden, dem Beginn der sogenannten Euro-Krise, die ja auch eine Staatsschuldenkrise ist, und sie werden auch nicht gelöst sein, wenn die Krise eines Tages bewältigt sein wird. Mit diesen Verwerfungen setzt sich die vorliegende Schrift auseinander. Um die Euro-Krise selbst wird es nur am Rande gehen; dazu gibt es Ratschläge in ausreichendem Maße. Im Folgenden sollen Fragen behandelt werden, auf die im Augenblick niemand achtet.

Einführung

Hier werden Probleme behandelt, die gegenwärtig zwischen der Europäischen Union (EU) und der europäischen Wirklichkeit aufzubrechen drohen.

Europa und die EU stehen zueinander zwar in einem engen Verhältnis, man darf aber nie vergessen, dass sie nicht identisch sind, weder geografisch noch historisch noch politisch. So wichtig die EU und ihre Politik heute sein mögen – das, worum es wirklich gehen muss, ist der kleine Erdteil Europa als Ganzes mit all seinen historischen, kulturellen, politischen, wirtschaftlichen, rechtlichen und ideellen Aspekten. Europa mag nur ein Appendix des großen eurasisch-afrikanischen Kontinents sein. Aber es hat auf die Geschicke dieses Kontinents jahrhundertelang einen beträchtlichen Einfluss ausgeübt.

Dieses Europa steht vor gewaltigen Herausforderungen. Lange Zeit hat es kaum Kontakt zu anderen Teilen der Welt gehalten, vor allem zu den heute so lebendigen Regionen Süd- und Ostasien. Gemessen an Ländern wie China oder Indien war sein Gewicht im Weltmaßstab gering, bis es, zusammen mit den USA, die einen sehr hohen Bevölkerungsanteil europäischer Herkunft haben, zum Zentrum einer wissenschaftlichen und vor allem technischen Welt wurde und von ihr aus zunächst eine Kolonisierung und später eine Globalisierung ungeahnten Ausmaßes in Gang setzte. Gerade dadurch begab sich Europa aber auch in die Gefahr, von den Völkern anderer

Weltregionen überholt, ja mit seinen eigenen Errungenschaften geschlagen zu werden.

Will sich Europa unter diesen Umständen nicht selbst aufgeben, muss es grundlegend neue Wege beschreiten. Es muss sich in neuen Institutionen zusammenschließen, die stark genug sein müssen, um dem Ansturm der neuen wirtschaftlichen Konkurrenz sowie der völlig neuen politisch-ideologischen Impulse aus anderen Teilen der Welt standzuhalten. Dem dienten – ursprünglich – die in den Jahren 1952 und 1957 geschaffenen überstaatlichen Organisationen zur wirtschaftlichen und politischen Integration Europas. Dazu zählten die 1951 ins Leben gerufene Montanunion (Europäische Gemeinschaft für Kohle und Stahl, EGKS), die 1957 gegründete Europäische Wirtschaftsgemeinschaft (EWG) und die Europäische Atomgemeinschaft (EAG bzw. Euratom), aus denen später in mehreren Schritten die Europäische Union (EU) wurde.

Angeschoben wurde die europäische Integration durch die Einheitliche Europäische Akte (EEA) 1986, die der EWG neue Kompetenzen einräumte und sich zum Ziel setzte, bis zum 31.12.1992 einen Binnenmarkt zu schaffen. Der 1993 in Kraft getretene Maastricht-Vertrag vollzog dann den Schritt zur politischen Union. Er benannte die EWG in Europäische Gemeinschaft (EG) um, vertiefte die supranationalen Politikfelder der Europäischen Gemeinschaften insbesondere durch die Wirtschafts- und Währungsunion, die schließlich zum Euro führte, ergänzte sie um rudimentäre Bestimmungen über eine gemeinsame Außen- und Sicherheitspolitik sowie die Zusammenarbeit in der Innen- und Rechtspolitik und stellte sie unter das Dach der neu gegründeten Europäischen

Union. Startpunkt war das Europa der Sechs (Frankreich, Deutschland, Italien, Niederlande, Belgien, Luxemburg), 1973 traten Großbritannien, Irland und Dänemark bei. In den 1980er-Jahren folgten Griechenland, Spanien und Portugal, 1995 Schweden, Finnland und Österreich. 2004 wurde die EU um zehn, vorwiegend mittel- und osteuropäische Staaten erweitert (Polen, Tschechien, Ungarn, Slowakei, Estland, Litauen, Lettland, Slowenien, Zypern, Malta). 2007 wurden Rumänien und Bulgarien in die Union aufgenommen, 2013 wurde Kroatien der 28. Mitgliedstaat.

Wenn die Völker Europas in der Neuordnung der Welt weiter nach ihren eigenen Überzeugungen und in dem Wohlstand leben wollen, den sie sich erarbeitet haben, brauchen sie die europäische Integration und, jedenfalls aus heutiger Sicht, auch die EU als den gegenwärtig erreichten Stand dieser Integration. Skepsis gegenüber dem Zusammenschluss der europäischen Völker wäre das Gefährlichste, was diese sich heute leisten könnten.

Aber Skepsis gegenüber dem heutigen Zustand der EU ist etwas anderes als Skepsis gegenüber der europäischen Integration, so sicher auch die EU etwas anderes ist als Europa. Die EU hat Europa zu dienen, indem sie es nach außen sichert und nach innen stärkt, und hier ist wirklich Skepsis angebracht. In den vergangenen Jahrzehnten hat die EU zwar beachtliche Erfolge erzielt, aber sie hat auch Wege eingeschlagen, die in entscheidenden Fragen zu Schwächung und Entschlusslosigkeit führten. Daran mögen die verschiedensten Ursachen beteiligt gewesen sein: die Vorenthaltung wichtiger Befugnisse durch die Mitgliedstaaten, die Wahl immer schwächerer Figuren in die politischen Führungsorgane, damit verbunden die Stärkung einer überbordenden Bürokratie mit Engstirnigkeit, Detailverliebtheit und Normenhypertrophie – und in manchen Fällen wohl auch die Verwechslung von territorialer Größe und politischer Stärke.

Die bedeutsamste Schwächung droht der EU gegenwärtig aber von den Menschen, für die sie eigentlich da ist und da zu sein hat: von ihren Bürgern. Das zeigt sich an allen Ecken und Enden: an sinkenden Zahlen der Wahlbeteiligung, an den Ergebnissen von Meinungsumfragen, an den Leserbriefspalten großer und ernsthafter Zeitungen, nicht zuletzt an der Ablehnung des ursprünglichen Verfassungsentwurfs durch Frankreich und die Niederlande, der in anderen Mitgliedstaaten mit Sicherheit bestätigt worden wäre, wenn man die Bürger dort hätte abstimmen lassen. Die EU ist offensichtlich dabei, das Vertrauen ihrer Bürger zu verlieren, und das in einem Augenblick, in dem Europa die EU am dringendsten braucht.

Über die Gründe, die zu diesem Zustand geführt haben, kann man nur spekulieren, und jeder Gedanke an Monokausalität, an die Erklärung aus einer einzigen Ursache, verbietet sich von selbst. Aber man kann die Gründe, die von anderen angeführt werden, aneinanderreihen und irgendwie »auf den Begriff« zu bringen versuchen. Das soll hier versucht werden, und zwar aus Begründungen, die ich selbst aus Zeitungskommentaren, Leserbriefen, persönlichen Zuschriften und Diskussionsbeiträgen von Zuhörern meiner Vorträge und Reden zusammengetragen habe. Das Ergebnis dieser Bemühungen mag da oder dort einseitig, vielleicht auch lückenhaft sein. Aber es gibt den Weg zu Fragen und Arbeitshypothesen frei, die in den folgenden Kapiteln näher untersucht werden.

Im Augenblick steht als Kritikpunkt verständlicherweise die Krise der europäischen Währung im Vordergrund. Die Menschen haben Angst um ihr Geld, das für sie vor allem Freiheit und Alterssicherung bedeutet. In Deutschland, wo der Schock der Hyperinflation der Jahre 1922 und 1923 noch immer nachhallt und die Deutsche Mark geradezu als Heilmittel gegen diesen Schock empfunden wurde, bestand von Anfang an eine gewisse Skepsis gegenüber dem »neuen Geld«. Diese wäre allerdings zu überwinden gewesen, wenn sich die Hoffnung auf eine neue, »feste Währung«, die es anfangs ebenfalls gab, auf die Dauer hätte etablieren lassen. Heute glauben große Teile unserer Bevölkerung aber nicht mehr an ihre Realisierung. Zwar sehen die meisten noch ein, dass eine Währung, in der sich stärkere und schwächere Wirtschaften zusammenfinden, im internationalen Vergleich nicht immer »nach oben gehen kann«. Aber sie haben dennoch erwartet, dass alle begünstigten Länder mit ihren Währungsgewinnen sorgfältig und vor allem sparsam umgehen würden, dass diese für wirklich zukunftsträchtige Zwecke eingesetzt und dass beide Fragen von den verantwortlichen europäischen Organen sowohl administrativ als auch publizistisch ausreichend ernsthaft behandelt würden.

Heute sind die Völker, insbesondere die der »gebenden« Staaten, in all diesen Fragen zutiefst enttäuscht, und es kann nicht ausbleiben, dass sich diese Enttäuschung auf die gesamte EU, ja allmählich sogar auf die Idee der europäischen Integration auswirkt.

Allerdings gab es schon vor der Währungs-, Haushalts- und Bankenkrise, das heißt vor dem Jahr 2008, Anlässe genug, an der Entwicklung und Politik der EU Kritik zu üben, und keiner dieser Gründe ist seither auch nur annähernd behoben worden.

Als wichtigster Grund für den Vertrauensverlust der EU wurde, zumindest in Deutschland, seit Langem der Bürokratismus der EU genannt, der sich in einer ungeheueren »Normenflut« beziehungsweise in einer ungeheueren *Normenhypertrophie* äußere. Das ist ein Vorwurf, der sich gewiss auch gegen die europäischen Staaten selbst erheben lässt, das sollten die Kritiker nicht aus den Augen verlieren. Dennoch gibt es gute Gründe, dieser Frage genauer nachzugehen.

Ein Vorwurf von ähnlichem Gewicht besteht darin, dass die EU bis zum heutigen Tag unter einem beträchtlichen *Demokratie-Defizit* leide. Hier sind aber mehrere »Schichten« des Problems zu unterscheiden. Zunächst wird natürlich bemängelt, dass die Stellung des Europäischen Parlaments noch bei Weitem nicht mit der der nationalen Parlamente vergleichbar ist, dass insbesondere sein Einfluss auf die Besetzung der EU-Kommission noch entschieden zu wünschen übrig lässt und dass es um die demokratische Legitimation der Kommission überhaupt sehr schlecht bestellt ist. Das sind freilich Fragen, die sich im Laufe der Zeit auch ohne erneute, grundsätzliche Änderung der Gemeinschaftsverträge lösen dürften. Tiefer greifen kritische Hinweise darauf, dass es in der EU weder eine gemeinsame europäische Nation noch auch nur eine »europäische Öffentlichkeit« gebe, und von da aus ist es zu der allgemeinen Frage nach dem »Rechtscharakter« der EU nicht mehr weit, die umso intensiver gestellt wird, je mehr der einzelne Kritiker glaubt, aus ihrer Beantwortung weitere materiell-rechtliche Schlüsse ziehen zu können.

Die beiden soeben genannten Problemkreise besitzen, wie schon ausgeführt, prinzipielle Bedeutung für Gegenwart und Zukunft der EU. Aufs Ganze gesehen sind sie jedoch immer noch von geringerem Gewicht als manche anderen, und zwar deshalb, weil sie Fehler markieren, die entweder die EU selbst oder doch ihre Gründer begangen haben und immer noch begehen, und weil sie deshalb auch *innerhalb* Europas korrigiert werden können. Andere, die in den frühen Jahren der Integration noch nicht bestanden oder zumindest nicht wirklich aktuell waren, treten an die EU – und Europa als Ganzes – demgegenüber *von außen* heran und sind deshalb für beide auch nicht ohne Weiteres beeinflussbar. Auch hier sollen wieder nur zwei angesprochen werden, diese aber zeigen schlaglichtartig auf, in welcher Welt sich Europa künftig zurechtfinden und vor allem behaupten muss – denn das Klima, in dem unser Kulturkreis zukünftig wird leben müssen, wird zunehmend rauer.

Das betrifft zunächst die *Aufgaben* der EU. Dass die EU große Teile Europas zu einer ausgesprochenen Friedenszone gemacht hat, wird allgemein betont und daher auch als eine ihrer großen Aufgaben anerkannt. Dasselbe gilt wohl auch für die Synergieeffekte, die von der zunehmenden Vereinigung der nationalen Wirtschaften ausgeht. Selbst das Bestreben der EU zur Verbesserung der wirtschaftlichen und sozialen Verhältnisse in unterdurchschnittlich entwickelten Mitgliedstaaten hat bisher Zustimmung gefunden, droht durch den neuerdings entbrannten Streit über die EU als »Transfergemeinschaft« allerdings zweifelhaft zu werden.

Undeutlich ist bislang jedoch geblieben, welche Rolle die EU *weltpolitisch* spielen kann und soll, nicht zuletzt in der

Multipolarität der Welt, die sich nach dem Zusammenbruch des kommunistischen Lagers und dem Scheitern der amerikanischen Versuche zur alleinigen Weltführerschaft eingestellt hat.

Unbefriedigend ist für viele überdies geregelt, welche *konkreten* Aufgabenfelder die EU bei der Verfolgung dieser großen Ziele an sich ziehen darf und unter welchen rechtlichen Voraussetzungen das geschehen kann. Das Prinzip der *Subsidiarität* – nach dem der Staat Angelegenheiten nicht an sich ziehen soll, wenn sie von den kleineren nachgeordneten Organisationseinheiten des Gemeinwesens genauso gut erledigt werden können –, das diese Frage eigentlich beantworten sollte und zu diesem Zweck in die Gemeinschaftsverträge aufgenommen worden ist, wird »in Brüssel« nach der Meinung vieler zu wenig beachtet und ist wohl auch in sich zu wenig konkret, als dass ohne konkretisierende Regeln auszukommen wäre. In Artikel 5, Satz 3 des EU-Vertrags heißt es nämlich:

Nach dem Subsidiaritätsprinzip wird die Union in den Bereichen, die nicht in ihre ausschließliche Zuständigkeit fallen, nur tätig, sofern und soweit die Ziele der in Betracht gezogenen Maßnahmen von den Mitgliedstaaten weder auf zentraler noch auf regionaler oder lokaler Ebene ausreichend verwirklicht werden können, sondern vielmehr wegen ihres Umfangs oder ihrer Wirkungen auf Unionsebene besser zu verwirklichen sind.

Die Organe der Union wenden das Subsidiaritätsprinzip nach dem Protokoll über die Anwendung der Grundsätze der Subsidiarität und der Verhältnismäßigkeit an. Die nationalen Parlamente achten auf die Einhaltung des Subsidiaritätsprinzips nach dem in jenem Protokoll vorgesehenen Verfahren.

Irritierte Fragen löst schließlich immer wieder die territoriale Erweiterung der EU, das heißt die Aufnahme neuer Mitgliedstaaten aus – meist in Form der Frage nach den geografischen sowie politischen Grenzen Europas, aber auch nach einem Mindestmaß an innerer Homogenität der EU und ihres Mitgliederkreises. Im Hintergrund solcher Irritationen mag sogar die weitere Frage stehen, welche territoriale Größe eine Institution wie die EU überhaupt erträgt. In diesem Zusammenhang treten ganz unterschiedliche Formulierungen auf: einerseits die Forderung, die EU dürfe nicht zu einem »Fass ohne Boden« werden, andererseits differenzierte Überlegungen darüber, unter welchen Voraussetzungen die Aufnahme eines Landes überhaupt erst sinnvoll und damit vertretbar ist.

Die hier vorgenommene Aufzählung von Problemen kann selbstverständlich nicht den Anspruch auf Vollständigkeit erheben. Angeschnitten sind lediglich die wichtigsten Fragen, die im Folgenden explizit behandelt werden. So viel ist aber doch wohl klar geworden: Die Kritikpunkte beziehen sich nicht nur auf die *Politik* der EU, das heißt auf die *Aktivitäten* ihrer Führungsorgane Rat, Kommission und Parlament, sondern sie betreffen auch die *Institution EU*, ihre Organisation, ihre Aufgaben und ihre Entscheidungsprozesse selbst, das heißt, sie betreffen auch die Institution im – gedachten – *statischen Zustand*. Daraus – genau genommen aus der Umkehrung dieser Überlegung – erklärt sich der Aufbau der künftigen Untersuchungen: zuerst die Institution als solche und erst dann ihre Politik.

Der Aufbau der EU

Um eine Institution wie die EU einer kritischen Betrachtung zu unterziehen, muss man sich zunächst einmal Klarheit über die Institution selbst, ihren organisatorischen Aufbau, ihre Aufgaben und ihre Funktionsweisen verschaffen.

Wie alle modernen demokratischen Verfassungen teilt sich die Führungsebene der EU in einen parlamentarischen und einen gouvernementalen Teil. Das ist gutes altes Herkommen und entspricht der fest verankerten, freilich auch oft variierenden Gewaltenteilungslehre. Schon hier fallen aber im Vergleich zu den Mitgliedstaatsverfassungen Besonderheiten der EU auf, die man nicht alle als Fortschritte werten kann. Vor allem steht dem einen parlamentarischen Organ, dem Europäischen Parlament, eine ganze Phalanx gouvernementaler beziehungsweise administrativer Organe gegenüber: der Europäische Rat, der Rat und nicht zuletzt die Europäische Kommission. Man sollte aus dem organisatorischen Übergewicht von Exekutivorganen gewiss keine voreiligen Schlüsse ziehen, aber es sollte doch Grund genug für eine durchgehende kritische Betrachtung sein. Das wird man in den folgenden Kapiteln immer wieder beobachten können.

Am verblüffendsten dürfte für den interessierten Laien sein, dass es nach dem Vertrag über die Europäische Union zwei »Räte« nebeneinander geben soll: den Europäischen Rat und den Ministerrat (im Folgenden »Rat« genannt), gewissermaßen den »Rat als solchen«. Der Unterschied besteht zunächst einmal in der Zusammensetzung: Der Rat setzt sich aus je einem Minister aus jedem Mitgliedstaat zusammen, der, »befugt ist, für die Regierung des von ihm vertretenen

Mitgliedstaats verbindlich zu handeln und das Stimmrecht auszuüben«. Er entspricht also ziemlich genau dem Bild, das früher die Räte der Montanunion, der Europäischen Wirtschaftsgemeinschaft und von Euratom boten.

Dem Europäischen Rat dagegen gehören die Staats- und Regierungschefs aller Mitgliedstaaten, der Präsident des Europäischen Rates (der nicht unbedingt normales Mitglied zu sein braucht) und der Präsident der Kommission an. Er steht also rangmäßig über dem Rat, was sich auch darin äußert, dass er nicht permanent tagt, sondern nur vierteljährlich zusammentritt.

Was die Zuständigkeiten betrifft, so ist entscheidend, dass der Europäische Rat »nicht gesetzgeberisch tätig« wird, während der Rat »gemeinsam mit dem Europäischen Parlament als Gesetzgeber tätig« wird und überdies »gemeinsam mit ihm die Haushaltsbefugnisse« ausübt, also genau die Befugnisse, die in parlamentarischen Demokratien das Parlament wahrnimmt, und zwar im Allgemeinen allein.

Das mag für sich schon verwundern. Noch ungewöhnlicher mag es einem Mitteleuropäer aber vorkommen, dass ihn diese Konstruktion überraschend an die Stellung des deutschen Bundesrats nach der Bismarck'schen Verfassung des Kaiserreichs von 1871 erinnert. Im Bundesrat waren damals nämlich die Monarchen der Gliedstaaten (Bundesstaaten) vereinigt, ja der Bundesrat war dementsprechend, wenigstens der Theorie nach, der Träger der Souveränität des Reichs. Was die Gesetzgebung des Reichs betraf, war er neben dem vom Volk gewählten Reichstag gleichberechtigtes Gesetzgebungsorgan. Obwohl solche Vergleiche naturgemäß hinken, könnte man aber doch sagen, die Rolle des Bismarck'schen Bundesrats sei in der EU zwischen dem Rat und dem Europäischen Rat aufgeteilt: Der Rat beteiligt sich neben dem Parlament an der Gesetzgebungstätigkeit, der Europäische Rat dagegen ist für die »ganz großen Entscheidungen« zuständig. (Übrigens, dass uns die Parallelen nicht sofort ins Auge springen, liegt an zwei historischen Gegebenheiten: dass Preußens Übergewicht die Verfassungsregeln weithin überdeckte und dass die Länder im Bundesrat weitgehend durch Lethargie glänzten.)

Dann gibt es noch die Europäische Kommission, das unter den gegebenen Verhältnissen merkwürdigste Führungsorgan der EU. Wie ihr Präsident und ihre Mitglieder zu ihren Ämtern kommen, soll in diesem Buch an einer anderen Stelle besprochen werden. Dasselbe soll auch für die verzweigten Bestimmungen gelten, die sich mit Einzelfragen der Aufgaben und Befugnisse beschäftigen. Nur die grundsätzlichen Regeln der Gemeinschaftsverträge seien hier kurz erwähnt, also die, die anzuwenden sind, wenn es keine Spezialvorschrift gibt. Bei der Gesetzgebung wird die Stellung der Kommission am deutlichsten. In Artikel 17 des Vertrags über die Europäische Union heißt es:

Die Kommission sorgt für die Anwendung der Verträge sowie der von den Organen kraft der Verträge erlassenen Maßnahmen. (...) Soweit in den Verträgen nichts anderes festgelegt ist, darf ein Gesetzgebungsakt der Union nur auf Vorschlag der Kommission erlassen werden.

Zu den gesetz*gebenden* Organen gehört sie also, wie bereits geschildert, nicht. Diese Funktion ist dem Rat und dem Parlament vorbehalten. Aber andererseits dürfen diese beiden

Organe nicht von sich aus initiativ werden, das heißt ohne eine Vorlage der Kommission kommt kein Gesetzgebungsverfahren zustande, und diese Vorlage darf auch nicht ohne Weiteres abgeändert oder gar verworfen werden. Ihre Mitglieder (die sogenannten EU-Kommissare) werden unter den Staatsangehörigen der Mitgliedstaaten in einem System der gleichberechtigten Rotation ausgewählt. Als »Hüterin der Verträge« überwacht die Kommission die Einhaltung des Europarechts durch die EU-Mitgliedstaaten und kann gegebenenfalls Klage beim Europäischen Gerichtshof erheben. Die Europäische Kommission, deren Amtszeit fünf Jahre beträgt, ist also ein Exekutivorgan besonderer Art, das in Deutschland keine angemessene Entsprechung hat. Am ehesten ließe sie sich noch mit einer der gängigen Staatssekretärsrunden vergleichen – freilich hat ein beamteter Staatssekretär hierzulande kaum einmal die Möglichkeit, sich so in den Medien zu präsentieren, wie das bei den Kommissaren der EU mittlerweile üblich geworden ist.

Eine facettenreiche Frage:
Das »Demokratie-Defizit« der EU

Die Mitgliedstaaten der EU sind ohne Ausnahme Demokratien und müssen es nach den Gemeinschaftsverträgen auch sein. Schon deshalb ist auch für die EU selbst die demokratische Struktur eine Selbstverständlichkeit.

Die Frage ist allerdings, was darunter konkret zu verstehen ist. Die Verfassungen der Mitgliedstaaten, die sich samt und sonders als Demokratien bezeichnen, unterscheiden sich nämlich gerade in der Detailausstattung »ihrer« Demokratie zum Teil erheblich, und es stellt sich durchaus die Frage, ob und auf welche Weise sich unter diesen Umständen eine Art gemeinschaftlichen Demokratieverständnisses gewinnen lässt, an das zumindest die Führungsorgane der EU gebunden wären.

Die fehlende Nation

Im Zentrum dieser Thematik steht ein Leitsatz, den alle demokratischen Staaten in den Kernbestand ihrer Verfassung aufgenommen haben. Im Grundgesetz lautet er: »Alle Staatsgewalt geht vom Volke aus.« Andere Verfassungen mögen – nicht zuletzt aus historischen Gründen – etwas andere Formulierungen verwenden. Aber die Sache ist immer dieselbe: Oberster Inhaber der Staatsgewalt ist das Staatsvolk, das »der Souverän« in seinem Staatsgebiet ist.

Dieser Satz klingt, wie man argwöhnen mag, verdächtig nach der sogenannten *Drei-Elemente-Lehre* von Georg Jellinek, mit der zumindest die deutsche Staatstheorie bis vor zwei

Generationen über die Runden zu kommen versuchte. Ein Staat, so hieß es da kurz und bündig, setzt drei Elemente voraus: ein Staatsvolk, das in einem umgrenzten Staatsgebiet lebt und einer konkreten Staatsgewalt unterworfen ist. Dieser Definitionsversuch endet, sobald man ihn wörtlich nimmt, freilich in einem gewaltigen Zirkelschluss, einer *petitio principii*. Denn er gibt keinerlei Auskunft darüber, wodurch sich ein Staatsvolk von anderen Völkern, ein Staatsgebiet von anderen Territorien und eine Staatsgewalt von anderen Herrschaftsformen, etwa kommunaler Art, unterscheidet.

Man kann das damit erklären, dass die Drei-Elemente-Lehre – aus der Zeit ihres Entstehens zumindest verständlich – von Vorstellungen der absoluten Monarchie ausging, für die der Monarch, wenigstens zunächst, alles allein »besaß«: Volk, Gebiet und Regierungsgewalt. Was uns heute als Zirkel erscheint, war damals augenscheinlich ein Teil aus einem sehr viel größeren Bild, das zwar drei Elemente sekundärer Natur zeigte, nicht aber das Hauptelement »Monarch«, auf dieses Hauptelement jedoch zurückgreifen musste, wenn man die drei Elemente inhaltlich näher bestimmen wollte.

Oder noch schärfer ausgedrückt: Die Drei-Elemente-Lehre blieb von Anfang an die Antwort auf die Frage schuldig, was man sich denn nun unter einem »Volk« vorstellen solle: eine Masse von »Untertanen«, als die man sie in Zeiten des Absolutismus wie selbstverständlich betrachtete, oder eine Masse von »Bürgern«, die man sich auch als frei, selbstständig, aktiv, selbstverantwortlich vorstellen musste. In den modernen Demokratien ist, zumindest der Theorie nach, nur der zweite Weg begehbar.

Demokratische Staaten bestehen also, wiederum der Theorie nach, nicht aus Untertanen, sondern aus entscheidungs- und handlungsbereiten Bürgern – und deren Zusammenschlüsse bezeichnet man als *Nationen.* Einen Staat ohne Nation mag es einst gegeben haben und unter Umständen auch heute noch irgendwo geben, ein *demokratischer* Staat ohne Nation dagegen ist schon begrifflich eine Unmöglichkeit.

Die EU aber verfügt bis zum heutigen Tage über keine Nation. Dies vollständig zu begründen würde hier viele Druckseiten beanspruchen und den Rahmen dieser Schrift sprengen. Darum belassen wir es bei der Feststellung, dass sich in zahllosen Einzeluntersuchungen zu diesem Problem nicht ein einziges Element gefunden hat, dessen Vorliegen als unwiderlegliches Argument für die Zugehörigkeit der Bürger eines Landes zu einer Nation gelten könnte. Schon bei den *Sprachen* wäre das nur möglich, wenn man die fast in allen europäischen Staaten gesprochenen Minderheitssprachen unter den Tisch fallen ließe. *Geschichtliche* Erfahrungen mögen stets mehreren Völkern gemeinsam sein, haben allerdings den fast unüberwindlichen Nachteil, dass sie von den beteiligten Völkern *gegeneinander* gemacht wurden und daher bis in die Gegenwart hinein höchst unterschiedlich interpretiert werden. Eine gemeinsame *Kultur* gibt es fast in allen Staaten Europas, aber es handelt sich dabei doch meist nur um Teile der »Gebildeten-Kultur«, während die sogenannten Volkskulturen, wenn sie schon nicht trennen, so doch jedes Volk oder jeden Volksteil in seiner Eigenständigkeit bestärken. Mit allen diesen Teilaspekten ist also, sobald man nüchtern an die Dinge herangeht, »europapolitisch« wenig anzufangen.

Es gibt eine ungemein simple, zugleich aber kaum zu widerlegende »Messmethode«, die das alles fast schlaglichtartig beleuchtet: die Bereitschaft der europäischen Völker, sich ungeliebten Mehrheits- oder Kompromissentscheidungen in solchen Fragen unterzuordnen, in denen sie selbst oder wenigstens ihre Regierungen »eine Kröte schlucken« müssen. Es sagt sich ja sehr leicht dahin, dass in der Demokratie die Mehrheit entscheidet und dass Kompromissbereitschaft die höchste demokratische Tugend ist. Aber warum soll – um nur die Mehrheitsfrage herauszugreifen – die unterlegene Minderheit sich eigentlich der Mehrheit beugen? Der Glaube an die größere Weisheit der Mehrheit kann es ja nicht sein. Zu oft hat sich herausgestellt, wie töricht, ja verbrecherisch auch demokratische Mehrheiten sein können. Also bleibt nur die Hoffnung auf ein irgendwie bestehendes *Zusammengehörigkeitsgefühl*, das zudem stärker sein müsste als der jeweils reale Dissens. Auf der Ebene der europäischen Staaten ist das bislang das *Nationalgefühl*, im gesamteuropäischen Kontext aber lässt die Entstehung einer vergleichbaren Zentripetalkraft noch immer auf sich warten. Europa hat keine eigene Öffentlichkeit, es hat keine eigene Zivilgesellschaft und erst recht kein eigenes Nationalbewusstsein. Man braucht die rhetorischen Exzesse aus den Folgen der Euro-Krise, in denen es »mit dem Löffel groß und schwer« wieder einmal über Deutschland »hergegangen« ist, hier gar nicht zu bemühen. Ich glaube schon nicht, dass es unter den 28 Mitgliedstaaten der EU auch nur einen einzigen gibt, dessen Bürger sich in wichtigen Fragen – beispielsweise – durch eine aus deutschen, französischen, spanischen und polnischen Stimmen gebildete Mehrheit überstimmen ließen. Und die Zahl der weiteren

Beispiele, die zu diesem Thema beigetragen werden könnten, ist groß und wird, wenn nicht alles trügt, noch weiter wachsen. Vor allem wird das Thema weitere Diskussionen um die europäische Verfassunggebung beeinflussen, wie im Folgenden ausgeführt wird.

So viel ist jedenfalls jetzt schon klar: kein Staat ohne Nation. Die EU hat keine Nation. Also ist sie kein Staat im hergebrachten Sinn.

Mit begriffstheoretischen Überlegungen allein, wie wir sie bisher angestellt haben, ist dem viel beklagten Demokratie-Defizit der EU allerdings nicht beizukommen und mit der Behandlung, die dem Thema in unseren Medien zuteil wird, verhält es sich nicht anders. Wenn diese das Thema behandeln, denken sie meist nur daran, dass die Europäische Kommission trotz ihrer wachsenden Macht weder vom europäischen Volk noch vom Europäischen Parlament gewählt wird und dass ferner das immerhin volksgewählte Parlament trotz aller Verbesserungen aus jüngster Vergangenheit noch bei Weitem nicht jene Rechte besitzt, deren sich die Parlamente der Mitgliedstaaten schon seit Generationen erfreuen. Aber das ist nur ein schmaler Ausschnitt aus der Problematik, um die es hier geht.

Wichtiger als die Verankerung im Parlamentarismus wäre es, dass die EU und ihre leitenden Organe über ausreichende *Akzeptanz in der Unionsbürgerschaft* verfügten, das heißt über die freiwillige und nachhaltige Zustimmung ihrer Bürger, nicht nur zur europäischen Einigung als solcher, die kaum jemand wirklich infrage stellt, sondern auch zu den wesentlichen Entscheidungen und vor allem zu den Prinzipien, aus denen heraus solche Entscheidungen entstehen und in die sie sich auch kontrollierbar einpassen lassen müssen. Aber davon ist man noch meilenweit entfernt.

Im Kern handelt es sich hier um einen Teilaspekt des Problems, das in dieser Schrift als *Vertrauensverlust* oder *Vertrauenskrise* bezeichnet wird. Aber dieser Teilaspekt ist konkreter als das Gesamtproblem und soll hier daher auch konkreter besprochen werden. Des Pudels Kern ist nämlich das *Verfahren*, in dem Entscheidungen der EU zustande kommen. Der einfache Bürger erlebt die Brüsseler Politik nicht in Parlamentsdebatten und Parlamentsberichterstattung, sondern in Kommissions- und Ausschussverhandlungen, die fast regelmäßig ohne wirkliche Begleitung durch fachkundige Medien stattfinden – und die Entscheidungsträger selbst führen darüber meist nicht einmal eine öffentliche Diskussion. Man klagt zwar darüber, dass es noch keine »europäische Öffentlichkeit« gebe, was wohl ein Ersatz für die fehlende europäische Nation sein soll, aber es versucht niemand wirklich ernsthaft, eine solche Öffentlichkeit herzustellen, ja man lässt sogar den Eindruck zu, als wüsste man, wenn es sie denn gäbe, mit ihr auch gar nicht viel anzufangen.

Ein nahezu klassisches Beispiel dafür boten die öffentlichen Stellungnahmen der EU-Protagonisten zum ursprünglichen Verfassungsentwurf der EU. Solange man die Zustimmung aller Mitgliedstaaten – und das heißt ja auch ihrer Bürger – für sicher hielt, sprach man frohgemut von einer europäischen Verfassung. Als das Projekt dann aber an Frankreich und den Niederlanden scheiterte, wies man zur Ausflucht aus dem entstandenen Dilemma darauf hin, dass es sich im strengen Sinne um gar keine Verfassung gehandelt habe und – was auch zutraf – der Misserfolg daher gar nicht so schlimm sei. Eigentlich fehlte in diesen Reparaturbemühungen nur noch das deutsche Wort »Ätsch«.

Hier sind wir beim eigentlichen demokratischen Defizit der EU und ihrer Politik: Es fehlt erstens an einer ausreichenden *Transparenz ihrer Aktivitäten* und zweitens am permanenten *Dialog mit dem Bürger*. Und man müsste sich eigentlich nicht darüber wundern, dass dieser Bürger die Unmengen europäischer Vorschriften, von denen wir schon gesprochen haben, als den absolut untauglichen Versuch betrachtet, den fehlenden Dialog zu ersetzen.

Übrigens hilft in der Frage der – fehlenden – europäischen Nation auch die Diskussion über die sogenannten plebiszitären Verfassungselemente nicht sehr viel weiter, und zwar gleichgültig, ob man sich darunter eine Direktwahl des Präsidenten der EU-Kommission oder eine wie auch immer geartete Volksgesetzgebung (oder beides) vorstellt. Hier werden, auf einen kurzen Nenner gebracht, meist Ursache und Wirkung verwechselt. Plebiszitäre Entscheidungen sind für die unterliegenden Minderheiten grundsätzlich nur dann akzeptabel, wenn sich die Vertreter gegensätzlicher Meinungen über alle Interessen- und Überzeugungsunterschiede hinweg mehr als Glieder eines Ganzen denn als Mitglieder einer Partei oder eines eigenständigen Volkes verstehen. In der heutigen Form der EU ist diese Voraussetzung nicht gegeben. Wenn ich im deutschen Bundesrat als Bayer, Sachse oder Baden-Württemberger einer Mehrheit aus Nordrhein-Westfalen, Hessen, Niedersachsen und Brandenburgern unterliege, nehme ich das hin, »weil wir alle Deutsche sind«. Einer Mehrheit aus Franzosen, Briten, Spaniern, Slowaken und Rumänen, durch die meine Interessen im Rat oder im Parlament der EU überstimmt werden, werde ich mich dagegen maximal in weniger wichtigen Fragen beugen – besonders wenn es nicht »ums Zahlen« geht.

Europäische Verfassunggebung – aber wie?

Man kann darüber streiten, ob die EU in absehbarer Zukunft noch einmal das Bedürfnis nach einer förmlichen, demokratischen Verfassunggebung verspüren solle. Wenn es dazu kommen sollte, wäre es mehr als sinnvoll, das Verfahren und die Entscheidung über diesen so wichtigen Akt möglichst in Übereinstimmung mit den hergebrachten Grundsätzen europäisch-demokratischer Verfassunggebung auszugestalten. Dem wird meistens mit der Behauptung widersprochen, dass sich die europäischen Verfassunggebungen der vergangenen zwei Jahrhunderte verfahrensmäßig absolut unterschiedlich, ja sogar unvergleichbar gestaltet hätten und dass es deshalb ganz unmöglich sei, aus ihnen gemeinsame, für alle europäischen Nationen akzeptable Grundsätze herauszufiltern.

Dieser Einwand ist in einschlägigen Diskussionen allerdings so oft und so rasch zu hören, dass man sich des Verdachts nicht erwehren kann, es gehe dem so Argumentierenden gar nicht um präzise Kenntnisse europäischer Rechtstradition, sondern nur um ein schlagkräftiges Argument für eine aus anderen Gründen gespeiste Ablehnung aller nur denkbaren Projekte der Verfassunggebung. So kompliziert, wie sie in solchen Fällen meist dargestellt wird, ist die Sache nämlich gar nicht. Man muss nur Verfassungen, die aus dem Zusammenschluss mehrerer Staaten zu Bundesstaaten erwachsen, von solchen unterscheiden, durch die sich eine bereits bestehende und in einem eigenen Staat lebende Nation eine neue politische Form zu geben versucht.

Beginnen wir mit der zuletzt genannten, einfacher gelagerten Fallgruppe, für die die verschiedenen französischen Verfassunggebungen des 19. und 20. Jahrhunderts, aber auch die Weimarer Verfassunggebung von 1919 als Beispiele dienen können. Hier haben sich zwei grundsätzlich verschiedene Wege herauskristallisiert: Entweder wählt das Staatsvolk ein Gremium, das den ausdrücklichen Auftrag zur Ausarbeitung einer Verfassung und zur Beschlussfassung über sie mit auf den Weg bekommt (Konstituante), oder das Volk entscheidet am Ende eines längeren, wo auch immer angesiedelten Formulierungsprozesses selbst darüber, ob der so gefundene Text als Verfassung in Kraft treten soll oder nicht (Verfassungsreferendum). So sind in der Vergangenheit viele europäische Verfassungen entstanden, allerdings nur in Staaten, in denen es vorher schon Nationen gab, die sich als einheitliche Schicksals- und Handlungsgemeinschaften empfanden.

In Gesamteuropa ist diese unerlässliche Bedingung, wie wir schon gesehen haben, so wenig erfüllt wie im gegenwärtigen EU-Gebiet. Für einen neuen Anlauf zu einer wirklich demokratischen Verfassunggebung ist dieser Weg also nicht geeignet. Es würden sofort wieder die schon geschilderten Probleme der gegenseitigen Überstimmung einzelner Völker durch andere auftreten. Praktisch gesehen: Es wäre sehr vernünftig, ja wünschenswert, dass in einem solchen Fall *alle Unionsbürger* mitentscheiden könnten. Ein »Durchzählen«, bei dem es auf die Zugehörigkeit zur einen beziehungsweise anderen Nation gar nicht mehr ankäme, kann aber bei der augenblicklichen Lage der Dinge nicht infrage kommen. Notwendig wäre schon, dass sich jede Nation, die sich der neuen Verfassung unterstellen will, dafür mit der Stimmenmehrheit *ihrer* Bürger ausspräche.

Damit sind wir allerdings bei dem Typ europäisch-demokratischer Verfassunggebung, den wir oben an erster Stelle genannt haben. Theoretisch spricht alles für ihn, und er wäre unter dem Gesichtspunkt der Demokratie ja kaum mehr zu überbieten: Mehrheit in jedem einzelnen Mitgliedstaat und dazu noch Einstimmigkeit unter den Staaten selbst! Die Sache hat nur einen gewaltigen praktischen Haken: Bei diesem Verfahren wäre es natürlich denkbar, dass einzelne Staaten einer vorgeschlagenen Verfassung zustimmen, andere dagegen nicht. Was dann?

Über jeden Zweifel erhaben ist hier zunächst, dass die neue Verfassung nur für solche Staaten in Kraft treten kann, die ihr auch zugestimmt haben. Das ist schon seit der Entstehung der US-Verfassung im Jahr 1787 unangefochtene Staatspraxis. (Die Entstehung des Grundgesetzes im Jahr 1949 ist insoweit kein Gegenargument. Bayern hat damals zwar dem Grundgesetz die Zustimmung verweigert, hat aber zugleich aus freien Stücken selbst erklärt, dass es sich der Mehrheitsentscheidung der anderen Bundesländer beugen werde.)

Fraglich bleibt, ob es vernünftig ist, die neue Verfassung in Kraft treten zu lassen, wenn ihr nur sehr wenige der infrage kommenden Mitgliedstaaten zugestimmt haben. Das scheint in der Staatspraxis verneint zu werden. Der bekannteste Beleg dafür ist wiederum die Verfassung der USA, in der angeordnet war, dass sie und damit die von ihr geschaffene Union erst zustande kommen sollten, wenn neun der damals dreizehn potenziellen Mitgliedstaaten sie ratifiziert hätten, dann freilich nur mit Wirkung zwischen den Staaten, die sie tatsächlich ratifiziert hatten; die anderen wären also gewissermaßen »außen vor« geblieben. Ein solches Verfahren kann man natürlich auch bei der Entscheidung über eine EU-Verfassung in Betracht ziehen. Nur wäre dann die Frage der weiteren Zusammenarbeit zwischen der neu verfassten EU und den der neuen Verfassung fern gebliebenen Mitgliedstaaten nicht gelöst. Und die Möglichkeit, unter solchen Umständen von einer neuen Verfassunggebung abzusehen und stattdessen mit – alten oder neuen – Gemeinschaftsverträgen weiterzumachen, bleibt natürlich immer.

Das Problem, von dem hier die Rede ist, wird der EU noch lange erhalten bleiben, allerdings nicht so sehr auf Verfassungsebene, sondern auf der Ebene der gewöhnlichen Rechtsetzung und der praktischen Politik. Es heißt dort »Verstärkte Zusammenarbeit«. Wir werden ihm in anderem Zusammenhang wieder begegnen.

Die vorstehenden Abschnitte haben – im Großen und Ganzen – zweierlei gezeigt: Das Problem einer »echten« demokratischen EU-Verfassung ist zwar schwierig, würde sich, wenn man das wollte, aber einigermaßen lösen lassen. Das ganz anders gelagerte Problem der europäischen Nation dagegen ist zumindest auf absehbare Zeit unlösbar, so dass bestimmte Formen der Integration auf die gleiche Zeitspanne schlichtweg nicht realisierbar sein werden.

Die EU – eine Gefahr
für die parlamentarische Demokratie?

Die zunehmenden Warnungen vor einer Aushöhlung der parlamentarischen Demokratie, auf die wir jetzt zu sprechen kommen, treffen auf eine gänzlich andere »Gefechtslage« als die Verfassungsfrage. Hier geht es nicht um Einschränkungen der europäischen Integration aus demokratischen Überzeugungen und Gepflogenheiten, sondern – genau umgekehrt – um Gefahren, die die Integration ihrerseits für den Fortbestand uralter Formen demokratischer Regierung mit sich bringen könnte.

Wir tun gut daran, uns zunächst einmal die Geschichte der parlamentarischen Demokratie etwas genauer anzusehen, und dabei von vornherein in Rechnung zu stellen, dass parlamentarische Demokratie und parlamentarische Regierung zwar nahe zusammenhängen, aber keinesfalls miteinander identisch sind – Klarheit der Begriffe ist gerade hier besonders wichtig. Von einer parlamentarischen Demokratie spricht man, wenn es in einem demokratischen Staat, wie es die Regel ist, ein Parlament gibt.

Parlamentarische Regierung dagegen bedeutet, dass die Regierung, die jeder Staat braucht, vom *Vertrauen eines vom Volk gewählten Parlaments abhängt*. Wie sich dieses Vertrauen äußert, war dabei zumindest in den Anfängen, das heißt im ausgehenden 18. Jahrhundert und während des ganzen 19. Jahrhunderts, ziemlich variabel. Der Monarch, mit dem in jener Zeit allenthalben zu rechnen war, konnte eine Regierung einsetzen. Diese bedurfte aber zusätzlich eines parlamentarischen Vertrauensbeschlusses oder zumindest des

Ausbleibens eines Misstrauensbeschlusses, während heute die Einsetzung der Regierung meist durch Wahl vonseiten des Parlaments erfolgt. Für die Zwecke unserer Untersuchung ist es nicht notwendig, alle Varianten zusammenzustellen, die in dieser Beziehung von den Staaten des europäischen Raums entwickelt worden sind. Wichtig sind nur folgende Fakten:

- Das parlamentarische Regierungssystem ist, wie immer es im Einzelfall ausgestaltet sein mag, aus der schrittweisen Entmachtung der absolutistischen Monarchen entstanden. (In den USA, wo von vornherein kein Monarch zurückgedrängt und abgelöst werden musste, entstand folgerichtig keine parlamentarische, sondern eine *Präsidialdemokratie*, in der sowohl das Parlament als auch das Staatsoberhaupt vom Volk gewählt wird.)

- Folgerichtig waren die Staaten mit parlamentarischem Regierungssystem zumindest ein Jahrhundert lang durch das Neben-, ja Gegeneinander von »Krone« und Parlament beziehungsweise, konkret ausgedrückt, von Monarch und Volk charakterisiert.

- Außerdem war dieses *konstitutionelle* System durch ein fast ständiges Tauziehen um größere und kleinere Rechtspositionen bestimmt, ein Tauziehen, das allerdings mehr und mehr zugunsten der Parlamente auszugehen pflegte, bis die Monarchen zuletzt entweder auf revolutionärem Weg beseitigt oder wenigstens auf nicht bedeutungslose, wohl aber dem politischen Entscheidungsgeschäft ferne »repräsentative« Funktionen zurückgedrängt waren (»parlamentarische Monarchie«).

In diesem *konstitutionellen Regierungssystem* waren die innerstaatlichen Machtfragen merkwürdig verschränkt gelöst.

Der Monarch ernannte »seine« Regierung, der ihrerseits die allmählich entstehenden Fachressorts unterstellt waren. Das Parlament konnte zwar der Regierung das Vertrauen entziehen, was zunehmend zu ihrem Rücktritt führte, sonst aber hatte es kaum Einfluss auf die Exekutive. Allerdings war diese auch an die *Gesetze* gebunden, aber die wurden, anders als heute, keineswegs vom Parlament erlassen, sondern vom Monarchen, der dazu freilich die Zustimmung einer Adelskammer (»Oberhaus«) sowie die des Parlaments (»Unterhaus«) benötigte. Das Parlament konnte den Erlass eines Gesetzes also zwar verhindern, aber eigene Gesetzentwürfe nicht gegen den Willen von Monarch und Oberhaus durchsetzen. So ist unter der Geltung des »Konstitutionalismus« die Demokratie zwar allmählich nach vorn gerückt, zu ihrer Zeit konnte man konstitutionelle Staaten jedoch allenfalls als *Teildemokratien* gelten lassen.

Nimmt man nunmehr die Mitgliedstaaten der heutigen EU in den Blick, so kann man ihnen unbedenklich die Eigenschaft als *parlamentarische Demokratien* bestätigen. *Parlamentarische Regierungssysteme* besitzt allerdings nur ein Teil von ihnen; denn dazu gehört eben noch die Einsetzung der Regierung *aus* dem Parlament (Hauptbeispiel Großbritannien), zumindest aber *durch* das Parlament (so Deutschland und viele andere). Daneben steht in Frankreich eine ganz andere Form der Demokratie: die bereits erwähnte *Präsidialdemokratie*, in der, wie auch schon nach der Weimarer Verfassung, nicht der Premierminister, sondern der Staatspräsident Spitze der Exekutive ist, jedoch nicht vom Parlament, sondern vom Volk selbst gewählt wird. Hier kann man also von einer *parlamentarischen Demokratie*, nicht aber von einem *parla-*

mentarischen Regierungssystem sprechen, und das gilt auch noch, wenn man berücksichtigt, dass nach der Verfassung der Fünften Französischen Republik das Parlament nur ganz bestimmte Gesetze erlässt, während alle anderen Rechtsvorschriften durch Dekrete des Präsidenten geschaffen werden.

Bei dieser Vielgestaltigkeit der in Europa geltenden demokratischen Verfassungen ist es kein Wunder, dass die Führungsorgane der EU – wie schon die der ihr vorausgehenden Gemeinschaften – nach ganz anderen Grundsätzen konstituiert sind. Kein Mitgliedstaat kann sich jedenfalls darauf berufen, dass die Organisation der EU seiner eigenen Verfassung nachgestaltet sei, und die Überlegung, dass die EU als etwas im Weltmaßstab Neues auch einen eigenen Verfassungstyp vertragen könne, war keineswegs völlig abwegig. Daran zumindest ist keine Kritik angebracht.

Die *Ausgestaltung* der EU-Führungsebene dagegen hat von Anfang an Verwunderung ausgelöst. Die Verteilung von Aufgaben und Befugnissen auf Rat, Europäischen Rat, Kommission und Parlament folgt nämlich viel eher dem Beispiel des konstitutionellen als dem des demokratischen Staates, und wir erinnern uns daran, dass wir den Konstitutionalismus des 19. Jahrhunderts soeben – und mit guten Gründen – nicht als eine Form der Demokratie, sondern bestenfalls als *Teildemokratie* gelten lassen konnten. Wenn das richtig ist, bietet die EU ein höchst merkwürdiges Bild: Auf der Ebene der Mitgliedstaaten herrscht, wenn auch in den unterschiedlichsten Formen, der demokratische Verfassungstyp vor, darüber wölbt sich jedoch eine Institution ganz besonderer Art, der man demokratische Ordnungsvorstellungen nur zum Teil zubilligen kann – *monstro simile*, um ein klassisch gewordenes

Wort des Völkerrechtslehrers Samuel von Pufendorf aufzugreifen, mit dem er 1667 die Verfassung des Heiligen Römischen Reichs Deutscher Nation charakterisierte. Diese Verschiebung von der Demokratie zur Teildemokratie wäre zudem *dynamisch*, weil die EU immer mehr Zuständigkeiten entweder übertragen erhält oder wenigstens an sich zieht.

Sehen wir uns die Führungsorgane zunächst einmal im statischen Zustand, das heißt in ihrer Zusammensetzung an. Das *Parlament*, um das es unter dem Gesichtspunkt Demokratie natürlich zuerst geht, wird von den Unionsbürgern gewählt und genügt wenigstens insoweit den Ansprüchen des demokratischen Verfassungstyps. Ganz anders verhält es sich mit der *Kommission*, deren Berufung sich in einem merkwürdigen Zusammenspiel des aus allen Staats- beziehungsweise Regierungschefs bestehenden Europäischen Rats mit dem Parlament vollzieht: Der Präsident der Kommission wird vom Europäischen Rat vorgeschlagen und sodann vom Europäischen Parlament gewählt. Der *Rat* (Ministerrat) stellt daraufhin im Einvernehmen mit dem bereits gewählten Präsidenten die Liste der übrigen Kommissionsmitglieder zusammen, und schließlich bedarf die Kommission als Ganzes, nicht aber das einzelne Kommissionsmitglied, der Zustimmung, das heißt einer Vertrauenserklärung durch das Parlament. Das ganze Verfahren ist, wie gesagt, merkwürdig ineinander verschachtelt (und dabei sind Spezialfragen, die dabei auftreten können, hier noch nicht einmal erwähnt). Klar wird aber schon jetzt, dass Rat und Kommission in dieser Verflochtenheit die Positionen einnehmen sollen, die Montesquieu, der französische Staatstheoretiker der Aufklärung, und noch mehr seine Nachfolger als *pouvoir exécutif* (Exekutivgewalt) bezeichnet haben.

Wenn man die Bestimmungen des EU-Vertrags über die *Gesetzgebung* der EU dazunimmt, vertieft sich dieser Eindruck noch einmal: Verordnungen und Richtlinien der EU kommen, jedenfalls im Normalfall, durch übereinstimmende Beschlüsse von Rat und Parlament zustande, und die Anregung dazu kann ausschließlich von der Kommission ausgehen.

Die geltenden Gemeinschaftsverträge weisen dem Zweigestirn aus Rat und Parlament also ziemlich genau jene Position zu, die zur Zeit der konstitutionellen Verfassungen der Monarch einnahm und die, um ein weiteres Beispiel zu nennen, der Reichspräsident nach der Weimarer Verfassung – eine Art »demokratisierter Kaiser« – übernahm. Nur: Der Weimarer Reichspräsident war direkt vom Volk gewählt, und von den davor liegenden konstitutionellen Verfassungstypen wissen wir bereits, wie sie bestenfalls zu qualifizieren sind: als *Teildemokratien*. Es stellt sich also die Frage nach der demokratischen Legitimität des Rats und der Kommission.

Beginnen wir mit dem Beispiel Frankreich, das unter der Verfassung der Fünften Republik eine Präsidialdemokratie reinsten Wassers bietet. Frankreich wird im sogenannten Europäischen Rat durch seinen Präsidenten vertreten, dessen demokratische Legitimität sich unmittelbar vom französischen Volk herleitet; insoweit ist alles in schönster Ordnung. Im Rat ist Frankreich dann allerdings wie alle anderen Mitgliedstaaten durch einen seiner Minister vertreten, der lediglich durch Ernennung vonseiten des Präsidenten und durch parlamentarische Bestätigung legitimiert ist. Bei ihm liegt also schon eine doppelte *Delegation* vor, seine demokratische Legitimität ist bereits erheblich verdünnt. Weitere Beispiele für solche Delegationen sollen hier nicht in die Debatte eingeführt werden, sie würden lediglich verwirren. Für den Augenblick sei aber festgehalten, dass es um die demokratische Legitimität der gewöhnlichen Ratsmitglieder nicht besser bestellt ist als beispielsweise um die der deutschen Bundesratsmitglieder, die ebenfalls immer wieder angezweifelt wird.

Dabei ist Frankreich noch ein besonders einfaches Beispiel. Bei den Ratsmitgliedern, die aus reinen parlamentarischen Demokratien kommen, entscheidet über die Ernennung zum Minister (und damit zum tauglichen Ratsmitglied) nämlich nicht ein monarchisches oder präsidentielles Staatsoberhaupt, sondern der Regierungschef, der aber seinerseits vom Parlament gewählt sein muss. Im Vergleich zum französischen Beispiel gibt es hier also von vornherein eine Delegationsstufe mehr – von den Zwischenstufen, die sich in Koalitionsverhandlungen noch einschieben mögen, einmal ganz abgesehen.

Das Spiel braucht hier nicht weitergespielt zu werden, doch muss jetzt noch hinzugefügt werden, dass die Delegationskette, die über den Rat zur Kommission führt, noch einmal um ein Glied verlängert wird und dass sich das Gefühl demokratischer Bindungen und Verantwortlichkeiten, das sich für den Delegierten aus der Tatsache der Delegation ergeben sollte, damit fast zwangsläufig weiter verdünnt. Nicht zuletzt darauf dürfte der Eindruck beruhen, den Rat und Kommission ganz allgemein vermitteln: dass »in Brüssel« und seiner Organisationsstruktur das bürokratische Element weit stärker als das demokratische ausgebaut ist und dass dieser Vorsprung erheblich größer ist als in den Hauptstädten der Mitgliedstaaten (denen man ja auch nicht gerade Bürokratieferne nachsagen kann).

Am Schluss bleibt also eine betrübliche Erkenntnis: Die EU bietet dem erstaunten Betrachter ein Bild, das viel mehr einer konstitutionellen Wahlmonarchie ähnelt als dem einer parlamentarischen Demokratie. Sie ist, wie schon wiederholt angedeutet, bestenfalls eine *Teildemokratie*. Jede Zuständigkeit, die sie besitzt oder die ihr weiterhin zuwächst, bedeutet eine Verschiebung von demokratischen zu teildemokratischen Verhältnissen – solange man Demokratie für richtig hält, eine beträchtliche Verschlechterung der Verhältnisse.

Besser steht es allerdings um die Idee der *Gewaltenteilung* in diesem Spiel: Während im parlamentarischen Regierungssystem Regierung und Parlamentsmehrheit derselben Partei beziehungsweise Koalition angehören, von Gewaltenteilung also nicht mehr viel zu erkennen ist, war diese in der konstitutionellen Monarchie klar gegeben und spielt auch in der EU wieder eine erfreuliche Rolle. Freilich gibt es dort jetzt keine Opposition mehr, aber nur deshalb, weil das Parlament als Ganzes selbst die Opposition ist – oder zumindest sein kann.

Zum »Rechtscharakter«
der EU

Bereits im vorangegangenen Kapitel mit seinen komplizierten Darlegungen zu den Demokratie-Defiziten der EU hätte man getrost die Frage stellen können, woher die Neigung zur Konstruktion völlig neuer, dafür aber wenig durchdachter Organisationsstrukturen kommt. Zum Teil mag es ja daran liegen, dass die unterschiedlichen Ausformungen des demokratischen Prinzips in den Mitgliedstaaten und die Abneigung der einzelnen Staaten, sich von ihnen zu trennen, der Bildung einfacherer, dafür in ihrer Wirksamkeit aber einleuchtenderer Strukturen im Wege standen.

Aber das dürfte nicht allein ausschlaggebend gewesen sein: Der Eindruck ist nicht von der Hand zu weisen, dass die Väter der europäischen Integration, die politisch Erstaunliches geleistet haben, in den Detailfragen nicht über genug Fantasie, vielleicht auch nicht über ausreichende historische Kenntnisse verfügten, um dem neuen Organisationstyp, den sie schufen, die bestmögliche Funktionalität und innere Logik zu verleihen. Tatsächlich scheint ein limitiertes Begriffsinstrumentarium zu ungenügenden Vorstellungen vom organisatorisch Möglichen auf die Realität übergegriffen und die Zahl der historischen Leitbilder, auf die man hätte zurückgreifen können, unnötig eingeschränkt zu haben.

Bundesstaat oder Staatenbund?

In einer Hinsicht hätte es, zumindest in Deutschland, solche Leitbilder oder zumindest die mit ihnen verbundenen Leitbegriffe in ausreichender Zahl gegeben, nämlich in der Frage, ob es sich bei der EU beziehungsweise ihren Vorgängergemeinschaften um einen Bundesstaat oder »nur« um einen Staatenbund handle (oder in der Vergangenheit gehandelt habe).

Dieses Begriffspaar hat in der Geschichte tatsächlich eine Rolle gespielt, so etwa bei der Gründung der Schweizerischen Eidgenossenschaft in ihrer heutigen Form um die Mitte des 19. Jahrhunderts, in der politisch-theoretischen Begleitmusik zum amerikanischen Bürgerkrieg in den Sechzigerjahren desselben Jahrhunderts und selbstverständlich auch in der Vorgeschichte der deutschen Reichsgründung von 1871, von der Gründung der Bundesrepublik Deutschland 1949 ganz zu schweigen. Schon die gravierenden Unterschiede zwischen den einschlägigen politischen Situationen hätten aber die Hoffnung, hier zu allzu präzisen Begriffen zu gelangen, dämpfen müssen.

Heute liegen die Dinge noch viel ungünstiger. Die Gemeinsamkeiten zwischen einem Kleinstaat (Schweiz), einem – bestenfalls – Mittelstaat (Deutschland) und einem modernen Superstaat (USA) dürften inzwischen so gering sein, dass sich auf ihnen keine halbwegs realistische Begriffsbildung aufbauen lässt, und dabei ist noch nicht einmal der Einfluss des Zeitablaufs berücksichtigt; immerhin war, um ein Beispiel zu erwähnen, die US-Verfassung im Jahr 1787 etwas ganz anderes als heute.

Gleichwohl wird der Bundesstaat – ein Staat, der aus der Verbindung einzelner Teilstaaten zusammengesetzt ist – bis zum heutigen Tag als etwas so Konkretes betrachtet, dass man ihm im Staatenbund – einer völkerrechtlichen Staatenverbindung – ein gleichwertiges Gegenstück gegenüberzustellen pflegt. Die theoretische Einordnung der neu entstandenen europäischen Gemeinschaften ist lange Zeit von diesem Begriffspaar ausgegangen. Erst als man erkannte, dass es sich dabei um Fragestellungen aus dem Begriffsarsenal des 19. Jahrhunderts handelte und dass dieses Arsenal im weiteren Zeitablauf durchaus erweiterungsfähig sein könnte, hat das Thema allmählich an öffentlichem Interesse verloren, bis hin zur Rechtsprechung des Bundesverfassungsgerichts, die heute weder von einem Bundesstaat noch von einem Staatenbund, sondern bewusst vage von einem Staaten*verbund* spricht. Die zunehmende Erfahrung, dass es auch im 19. und 20. Jahrhundert keine exakte Grenzlinie zwischen Bundesstaat und Staatenbund gegeben hat, mag noch das ihre dazu beigetragen haben.

Die Grenze zwischen Bundesstaat und Staatenbund

Obwohl es natürlich auch in den USA und der Schweiz staatenbundartige Vorstufen der heutigen Bundesstaatsverfassungen gegeben hat, nehmen die deutschen Wissenschaftler ihre Erkenntnisse üblicherweise aus einer einzigen historischen Erfahrung, nämlich aus dem Vergleich der Situation im Deutschen Bund (1815 – 1866) und im darauf folgenden Bismarck'-

51

schen Kaiserreich. Das engt den Erfahrungshorizont, aus dem nunmehr allgemeine Schlussfolgerungen gewonnen werden sollen, erheblich ein. Dazu kommt noch, dass es damals nicht nur das Verhältnis zwischen den beteiligten deutschen *Staaten* war, das auf diese Weise theoretisch ausgefochten werden sollte, sondern auch die Interessen der diese Staaten regierenden *Dynastien*. Sehr viel Klarheit war auf diesem Weg von vornherein nicht zu erwarten. Nicht dienlich war der Sache außerdem, dass in das Begriffspaar Bundesstaat–Staatenbund einer der wandlungsfähigsten und damit schillerndsten Begriffe der ganzen politischen Theorie eingeschleust wurde: der Begriff der *Souveränität*, meist durch die Fragestellung, wer im Bundesstaat beziehungsweise Staatenbund denn nun souverän sei, die Mitgliedstaaten oder die Zentrale.

Am verwirrendsten war schon seinerzeit und ist es bis heute, dass dabei um einen Begriff gestritten wurde, der im Laufe der Zeit (und bis heute) in immer neuen, höchst verschiedenen Zusammenhängen auftrat und daher vor immer wieder neuen und gänzlich unterschiedlichen Wandlungen stand.

– Bei seiner Entstehung im Frankreich des 16. Jahrhunderts sollte er ausdrücken, dass in den konfessionellen Bürgerkriegen seiner Zeit ein einzelner Mann, der König, politisch und militärisch stark genug sein musste, um neu aufflammende Kämpfe innerhalb Frankreichs, von wem auch immer sie ausgingen, sofort im Keim zu ersticken. Es ging also um einen absolutistischen Herrscher und um *faktische Macht*.

– Im Übergang vom absolutistischen zum konstitutionellen Staat konnte man dann auch darüber streiten, ob innerhalb des einzelnen Gemeinwesens der Monarch oder das Parlament souverän sei. Die »Lösung« war, dass sowohl der Monarch als auch das Parlament zur Gesamtheit »Staat« gehörten und *dieser* Träger der Souveränität sei. Das war zwar ein ganz billiger Formelkompromiss, aber er sorgte ein Jahrhundert lang für einen inneren Frieden, der sogar die Behauptung zuließ, dass selbst in Bundesstaaten beide Seiten, Reich und Länder, sich die Souveränität teilten. Wichtiger war jedoch, dass die Souveränität aus der Sphäre der reinen, faktischen Machtpolitik in die Sphäre des Rechts überging, was unter anderem dazu führte, dass nach heute geltendem Völkerrecht sowohl Superstaaten wie die USA und die Volksrepublik China als auch Zwergstaaten wie Monaco für sich Souveränität beanspruchen können.

– Noch fragwürdiger ist freilich die Gewohnheit, beim Zusammenschluss mehrerer Staaten von Souveränitäts*rechten* zu sprechen, die die Mitglieder auf die neu entstehende Gemeinschaft, etwa die EU, zu übertragen hätten. Wenn dem Souveränitätsbegriff heute noch irgendein konkretes Element anhaften sollte, so wäre es die *Gesamtheit* staatlicher Aufgaben beziehungsweise Befugnisse. Anders ausgedrückt: Das Wort »Souveränitätsrecht« ist eine ganz gewöhnliche *contradictio in adiecto*. Übertragen werden, wie schon gesagt, bestimmte Aufgaben und bestimmte Befugnisse – sonst nichts.

Von hier aus sind die einschlägigen Wissenschaften denn auch zu einer zweckdienlicheren Abgrenzung von Bundesstaat und Staatenbund gekommen. Sie stellten nämlich die Frage nach dem Verhältnis der im Spiel befindlichen Staaten zu ihren Untertanen beziehungsweise Bürgern. Im Bundesstaat, so hieß es demzufolge, könne sich die Zentrale mit bindender Wirkung nicht nur an die Mitgliedstaaten, sondern direkt an deren Bürger wenden. Sie habe gewissermaßen das Recht, auf alle Bürger aller Mitgliedstaaten »durchzugreifen«, während sie im Staatenbund nur Verpflichtungen für die Mitgliedstaaten begründen könne; diese müssten die Intentionen der Zentrale dann von sich aus durchsetzen. Nach hier vertretener Ansicht ist das eine klare, über größere Zeiträume und Systemwechsel beständige Unterscheidung, die sehr wohl auch auf das Verhältnis zwischen der EU und ihren Mitgliedstaaten angewandt werden könnte. Das »Durchgriffsrecht der Zentrale« ist jedenfalls um Meilen überzeugender als die »Souveränität«, die mittlerweile zum Monstrum verkommen ist.

Allerdings bietet auch dieses Abgrenzungskriterium seine Schwierigkeiten. Die Erfahrung zeigt nämlich, dass nach der Rechtsordnung der EU deren Organe verpflichtende Normen sowohl gegenüber den Mitgliedstaaten als auch gegenüber deren Bürgern erlassen können und dass solche Mitgliedstaaten, die selbst Bundesstaaten sind, gegenüber ihren Untergliedstaaten (in Deutschland »Ländern«) dieselbe Möglichkeit haben. Beide Seiten haben also Befugnisse, die sie gleichermaßen als Bundesstaaten sowie als Staatenbünde ausweisen könnten – und wieder einmal ist guter Rat teuer.

Man könnte – zunächst – daran denken, einem föderalen Gebilde der Art, wie wir sie hier untersuchen, schon dann den Charakter des Bundesstaates zuzubilligen, wenn die Zentrale auch nur in einem einzigen Punkt zum Durchgriff auf die Bürger der Mitgliedstaaten berechtigt ist. Das wäre ein klares

Kriterium, wie es bei Fragestellungen dieser Art besonders wünschenswert ist, brächte aber doch Zweifel an der Realitätsnähe der so gefundenen Abgrenzung mit sich – allzu sehr würde der Schwanz hier mit dem Hund wackeln. Sobald man weniger streng an die Dinge herangeht, steht man aber einem anderen Dilemma gegenüber. Dann kommt es nämlich auf die *Menge* der Durchgriffsrechte an, die für das Attest »Bundesstaat« zu fordern wären, das heißt auf willkürlich festlegbare Größen.

Damit erledigt sich die Hoffnung, wenigstens auf diesem Weg zu einer handfesten Grenzziehung zwischen Bundesstaat und Staatenbund zu gelangen, fast von selbst. Denn erstens vermag niemand zu sagen, bei welchem Prozentsatz der Durchgriffsrechte ein Bundesstaat bewiesen sein soll, und zweitens gibt es noch nicht einmal Messmethoden, die eine solche Beurteilung möglich machen würden. Man fragt sich unter diesen Umständen allmählich, ob es überhaupt einen Sinn hat, derlei Abgrenzungen zu suchen und auf ihnen gar noch ein System von Staatenverbindungen aufzubauen.

Ähnliche Probleme gibt es übrigens auch bei anderen Versuchen, Bundesstaat und Staatenbund voneinander abzugrenzen. So scheitert die Annahme, der Bundesstaat sei dadurch charakterisiert, dass er jeden anderen Staat von Einwirkungen auf sein Gebiet ausschließen könne, schon an den Gegebenheiten der modernen Zeit. Grenzüberschreitende Maßnahmen gibt es heute in vielen Bereichen wie Klimapolitik, Umweltpolitik, Seuchenbekämpfung, Einwanderungspolitik, Währungspolitik und dergleichen mehr.

An ganz anderen Zweifeln scheitern jene Theorien, die Souveränität und Kompetenz-Kompetenz – das heißt die

Befugnis eines staatlichen Organs die eigene sachliche Zuständigkeit unter bestimmten Voraussetzungen zu erweitern – gleichsetzen. Nicht immer, wohl aber in den meisten bekannt gewordenen Fällen laufen diese Abgrenzungsversuche nämlich auf eine schlichte *petitio principii*, einen Zirkelschluss, hinaus: »Souverän ist, wer über die Kompetenz-Kompetenz verfügt, aber diese besitzt nur ein souveräner Staat.« Mit solchen Methoden lässt sich nicht wirklich sauber arbeiten.

Der verengte Blick auf den Staat

Unter den geschilderten Umständen kann es allerdings auch zu unerwarteten Engführungen kommen. Zwei davon sollen hier kurz angerissen werden. Zum einen wurden in den bisherigen Ausführungen relativ wenige Überlegungen über den rechtlichen Charakter der Zusammenschlüsse von Staaten angestellt; das Wort »Staatenverbindung« ist nur ein einziges Mal gefallen. Das muss schon deshalb verwundern, weil in unserem Paradebeispiel, dem Deutschland des 19. Jahrhunderts, der Deutsche Bund keineswegs als Staat anerkannt war, wohl aber später das Deutsche Reich. Zum anderen geht es – aktueller – um das Selbstverständnis der EU, deren Politik immer mehr den Schluss nahelegt, dass ihre Bürokratie, aber auch einzelne ihrer Führungsorgane, die *EU bereits als realen Staat betrachten*. Schriftliche Belege gibt es dafür selbstverständlich nicht. Eine stattliche Reihe unbestreitbarer Tatsachen weist aber sehr wohl in diese Richtung, beispielsweise

- der systematische Ausbau der Brüsseler Bürokratie selbst, die zur Wahrnehmung immer breiter angelegter Aufgaben eingesetzt werden dürfte – selbstverständlich mit Wirkung gegen die Mitgliedstaaten und deren Bürger;
- die unentwegten Versuche der Brüsseler Organe, selbst in solche Zuständigkeiten der Mitgliedstaaten einzudringen, die nach den Gemeinschaftsverträgen ausschließlich den Mitgliedstaaten vorbehalten sind;
- die listenreiche Erweiterung limitierter Kompetenzzuweisungen des Vertragsrechts durch extensive Auslegung – und in dem beruhigenden Bewusstsein, dass der Europäische Gerichtshof solche Interpretationskunststücke schon billigen, zumindest aber passieren lassen werde;
- die erkennbar systematische Ausdehnung des Gedankens der *Rechtsangleichung* über die immerhin verständlichen ökonomischen Bedürfnisse hinaus in fast alle Bereiche des gesellschaftlichen, ja des privaten Lebens – der sogenannte *aquis communautaire* soll heute bereits 60 000 bis 70 000 Druckseiten umfassen.

Nimmt man alle diese Indizien zusammen, so liegt die Vermutung wirklich nicht mehr fern, dass sich die Brüsseler Bürokratie samt ihren politischen Führungsspitzen schon seit Langem *als Staat verstehen* und dabei sogar den Bindungen, die in Bundesstaaten üblich sind, auszuweichen versuchen.

Dass sie die verzweigten theoretischen Überlegungen, von denen wir hier berichten, nicht anstellen, wird man ihnen dabei gar nicht vorwerfen können; sie enden ja auch nach hier vertretener Meinung im Ungewissen. Ein ausgesprochener Fehler ist es aber, dass bei einer so neuartigen Aufgabe wie der Integration Europas ohne den vergewissernden Blick auf historische Erfahrungen gearbeitet wird. Schon der »moderne«, zentralistische Beamtenstaat, in dem die Nationen Europas heute leben, ist nur eine Ausnahmeerscheinung in der jahrtausendelangen Geschichte des Staates, und Staaten vom heutigen, »modernen« Typ hat es in unserem Kontinent frühestens vor vierhundert Jahren, in Deutschland genau genommen erst vor zweihundert Jahren gegeben. Da wäre es von Vorteil gewesen, zumindest einige Blicke auf ihre Vorstufen und Entwicklungsphasen zu werfen und sie daraufhin zu befragen, ob sie nicht irgendwelche Anregungen für den Zusammenschluss der alten Nationalstaaten Europas bieten könnten.

In der Geschichte hat es schließlich noch ganz andere, »transnationale« Organisationsformen als den Staat gegeben, die hier als Vorbilder hätten dienen können. Man denke nur an die Städtebünde Italiens und Nordeuropas (Hanse), an die schwäbischen Ritterbünde, vor allem aber an das römische Kaiserreich etwa bis zum Ende des 2. nachchristlichen Jahrhunderts und an das britische Empire bis zu seinem Untergang um die Mitte des 20. Jahrhunderts. Sie alle folgten ganz anderen Konstitutionsprinzipien als heute die EU. Viele haben in der Geschichte zwar keinerlei Spuren hinterlassen, weil sie zu locker gebaut und infolgedessen zu schwach waren. Andere aber waren über lange Zeiträume erfolgreich, und zwar deshalb, weil sie in ihrem Innern nicht uniform, sondern flexibler waren als ihre straff durchorganisierten Konkurrenten. Man muss diese Organisationstypen nicht unbedingt für besser halten als den sogenannten modernen Staat, aber man muss doch bedauern, dass sie beim Aufbau der europäischen Gemeinschaften und erst recht der so sehr angewachsenen EU überhaupt nicht in Betracht gezogen worden sind, dass das bis heute nicht besser geworden ist, und vor allem dass dies in den Köpfen der Brüsseler Bürokraten bis heute auf kein Verständnis stößt.

Henne oder Ei?

Bei unserem Bemühen, einen adäquaten Ausgangspunkt für die Einstufung von Organisation und Funktionsweise der EU zu finden, haben wir inzwischen die herkömmliche Welt der Begriffe verlassen und sind in die Welt der politischen Realitäten übergetreten, die man gewissermaßen als Steinbruch für politische Erfahrungen verwenden kann. Es geht also nicht mehr darum, konkrete Schlussfolgerungen aus Begriffen herzuleiten, sondern genau umgekehrt darum, zuerst die nötigen Fakten zu ermitteln und dann zu entscheiden, welche von ihnen einen Zugang zur Lösung moderner Fragen beitragen könnten.

Für den Beispielsfall EU heißt das: Zuerst muss man mit den üblichen Interpretationsmethoden Inhalt beziehungsweise Nichtinhalt der europäischen Gründungsakte ermitteln, erst dann kann dem Vertragsinhalt eine Bezeichnung zugeordnet werden. Das Wichtigste ist, einfacher ausgedrückt, nicht der Begriff, sondern der Sachverhalt, den er bezeichnet, und unzulässig ist es, aus dem Begriff Folgerungen herzuleiten, die in den Verträgen nicht vorgesehen sind. Das wären die berühmten Kaninchen, die der Zauberer zuerst in seinen Zylinder steckt, um sie danach aus diesem wieder herauszuzaubern. Und: Über den Wert einer Flasche Wein entscheidet nicht das aufgeklebte Etikett, sondern der Wein, der sich in der Flasche befindet. Viele ältere Beiträge zu unserer Frage haben das nicht berücksichtigt. Man sollte sie deshalb zu den Akten legen.

Eine weitere Schlussbemerkung mag zu diesem Kapitel angebracht sein: Man kann sich durchaus fragen, welchen Sinn es hat, dass in diesem Buch terminologische Fragen breit ausgewälzt werden, obwohl sich, wie soeben gezeigt, nachher herausstellt, dass der Autor solchen Fragen so gut wie keine Bedeutung beimisst. Die Antwort ist klar: Begriffe wie »Staatenbund«, »Europäischer Bundesstaat«, »Vereinigte Staaten von Europa« und dergleichen spuken bis heute in vielen Köpfen herum und spielen selbst in ernsthaften politischen Debatten noch eine große Rolle. Die Neigung ist groß, sie an den Anfang einer solchen Debatte zu stellen und daraus herzuleiten, was der jeweilige Redner sich selbst gerade wünscht. So geht es aber nicht. In der Jurisprudenz nennt man das Begriffsjurisprudenz und hält es für längst überwunden. Jedenfalls glaubt man das ...

Das Bundesverfassungsgericht und die EU

Die Fragen, um die es hier geht, spitzen sich in jüngster Zeit besonders zu, weil sich das deutsche Bundesverfassungsgericht zunehmend gezwungen sieht, sein Verhältnis zum europäischen Gemeinschaftsrecht und damit das Verhältnis des Grundgesetzes zu diesem Recht zu präzisieren. Genau gesagt geht es darum, ob das Karlsruher Gericht befugt ist, Bestimmungen der EU-Verträge auf ihre Vereinbarkeit mit den grundlegenden Prinzipien des Grundgesetzes zu überprüfen und gegebenenfalls ihre Anwendung in Deutschland zu untersagen. Naturgemäß besteht das Problem schon seit dem Beginn der europäischen Integration, zu der sich das Grundgesetz von Anfang an ausdrücklich bekannt hat. Der heutige Artikel 23 Absatz 1 lautet:

> Zur Verwirklichung eines vereinten Europas wirkt die Bundesrepublik Deutschland bei der Entwicklung der Europäischen Union mit, die demokratischen, rechtsstaatlichen, sozialen und föderativen Grundsätzen und dem Grundsatz der Subsidiarität verpflichtet ist und einen diesem Grundgesetz im wesentlichen vergleichbaren Grundrechtsschutz gewährleistet. Der Bund kann hierzu durch Gesetz mit Zustimmung des Bundesrates Hoheitsrechte übertragen.

Dementsprechend hat sich das Bundesverfassungsgericht, was seine Kontrollbefugnisse betrifft, stets sehr zurückhaltend geäußert, sich aber selbst in seinen europafreundlichsten Entscheidungen unmissverständlich eine letzte Prüfungskompetenz vorbehalten – offensichtlich in der Annahme, es werde zu solchen Konfliktsituationen infolge vernünftiger Handhabung der Dinge *durch beide Seiten* nicht kommen. Durch die immer weiter getriebene Verdichtung der Brüsseler Politik sowie ihrer rechtlichen Erlasse und wohl auch durch die Aussicht auf weitere Eingriffe der EU als Folge der internationalen Finanzkrise ist das Bundesverfassungsgericht in seiner Entscheidung zur Verfassungsmäßigkeit des Lissabon-Vertrags dann aber offensichtlich zu der Überzeugung gelangt, dass das Einlegen und noch mehr das rechtzeitige Vorzeigen einer Notbremse notwendig geworden sei.

Damit sind wir am Kern des Problems. Wäre die EU ein (Bundes-)Staat, so müsste eigentlich gelten, dass Bundesrecht Landesrecht »bricht«, das heißt im vorliegenden Fall, dass sich das Recht der EU weder um das deutsche Grundgesetz noch um die Verfassungen der anderen Mitgliedstaaten zu kümmern braucht. Für den Normalfall hat das auch seine Richtigkeit. Es gibt aber Fälle, in denen das genaue Gegenteil gilt, und die erschweren die ganze Problematik erheblich. Das gilt insbesondere für Deutschland. Das Grundgesetz hat, obwohl es sich von Anfang an zur europäischen Integration bekannte, in seinem Artikel 79 Absatz 3 schon dem verfassunggebenden Gesetzgeber, damit erst recht aber dem Integrationsgesetzgeber, die Preisgabe seiner fundamentalen Grundsätze wie Menschenwürde, Rechtsstaatlichkeit, Demokratie und so weiter untersagt. So ist es auch in einer ganzen Reihe anderer Mitgliedstaaten der EU. Das war in Brüssel von allem Anfang bekannt und ist beim Abschluss der Verträge auch bewusst hingenommen worden. Hätte man dort Tempo und Fahrweise nicht immer mehr verschärft, so hätte in Karlsruhe mit Sicherheit auch niemand zur Notbremse gegriffen.

Wie auch immer: Geht man vom deutschen Artikel 79 Absatz 3 und seiner Anerkennung beim Abschluss der Gemeinschaftsverträge aus, so kann man sich EU-Recht und Mitgliedstaatsrecht nicht mehr als geschlossene, über- beziehungsweise untergelagerte »Schichten« vorstellen. Man muss vielmehr zugeben, dass sie je nach Einzelfragen *ineinander verschränkt* liegen, im Normalfall wie bei einem Bundesstaat, also mit Vorrang des EU-Rechts vor dem Mitgliedstaatsrecht, in besonders gelagerten Ausnahmefällen aber wie bei einem

Staatenbund oder ähnlichen Erscheinungen, in denen das letzte Wort bei den Mitgliedern liegt.

Mit dem klassischen Konzept des Bundesstaates hat das alles nichts mehr zu tun. Das Bundesverfassungsgericht hat recht: Die EU ist weder Staatenbund noch Bundesstaat, sondern ein Phänomen *sui generis*, das man allenfalls noch als *Staatenverbund* bezeichnen kann – früher hätte man vielleicht von einer Staatenverbindung gesprochen. Aber beide Begriffe sind so vage, dass man aus ihnen kaum irgendwelche eigenständigen Konsequenzen herleiten kann.

Veränderte Welt:
Kolonisation – Globalisierung – Regionalisierung

Aber nun Schluss mit den theoretischen Fragestellungen. Wir befassen uns nun mit den größeren Zusammenhängen, in denen die EU steht, den Aufgaben, die sie in dieser Beziehung zu erfüllen hat, und den administrativen beziehungsweise organisatorischen Mitteln, die sie einsetzen kann. Dabei geht es um Schlüsselbegriffe wie Globalisierung, Regionalisierung sowie die zeitliche Phase, die beiden vorausging, die Kolonisierung – und um die Rolle, die Europa in diesen Zusammenhängen spielt beziehungsweise spielen sollte.

Man kann sich dieser Thematik erst richtig nähern, wenn man sich über das Verhältnis von Globalisierung und Kolonisation klar geworden ist. Deutschland war eine späte und kurzzeitige Kolonialmacht. Die Kolonien wurden zur Zeit des Deutschen Kaiserreichs Ende des 19. Jahrhunderts erworben und nach dem Ersten Weltkrieg gemäß dem Versailler Vertrag wieder aufgegeben. In Deutschland wurde die Kolonisation meist unter dem Gesichtspunkt nationaler Größe und nationalen Stolzes gesehen. Die ökonomischen Aspekte, die in den deutschen Kolonien tatsächlich nur eine untergeordnete Rolle spielten, wurden in weiten Kreisen kaum zur Kenntnis genommen, während sie in den großen Kolonialreichen der Spanier, Portugiesen, Holländer, Franzosen und Engländer stets im Vordergrund standen.

Hingegen wird die Globalisierung, die eigentlich erst seit dem Zusammenbruch des kommunistischen Staatensystems möglich geworden ist, in Deutschland fast ausschließlich als wirtschaftliches Phänomen interpretiert, obwohl sich aus ihr zwangsläufig auch politisch-ideologische, außen- und vor

allem sicherheitspolitische Probleme ergeben. Wenn man die
Dinge aber genauer betrachtet und auch die Grenzen zwischen Wirtschaft und Politik nicht allzu penibel zieht, dann
erkennt man, dass es am vernünftigsten ist, Kolonisation und
Globalisierung in ihren entscheidenden Punkten nur anhand
der Zeitphasen zu unterscheiden, in denen sie sich abgespielt
haben – Kolonisation etwa bis in die Mitte des 20. Jahrhunderts, Globalisierung seither, wenn auch besonders akzen-
tuiert erst seit dem Zusammenbruch des sogenannten Ostblocks.

Die Umgestaltung der Welt

Natürlich standen in der ersten Phase die wirtschaftlichen Interessen der Kolonialmächte im Vordergrund, in der Regel
nicht zum Vorteil, sondern zum Nachteil der beherrschten
Völker. Aber der »weiße Mann« brachte doch auch andere
Dinge außer seinem Eigennutz in die Kolonien mit – Schlech-
tes *und* Gutes: europäische Lebens- und Gesellschaftsformen,
europäische Wissenschaften und Techniken, europäische Religionen und Weltanschauungen, nicht zuletzt europäische
Verwaltungs- und Regierungsformen. Zumindest die führen-
den Schichten der Kolonialvölker haben diese Importe meist
gern angenommen und teilweise sogar »verinnerlicht«. Für
andere bedeutete der Vorgang jedoch das genaue Gegenteil.
Sie fühlten sich überfahren, in ihrer über Jahrhunderte ge-
wachsenen Identität verletzt, und so war es nicht verwunder-
lich, dass mit dem Ende des Kolonialsystems und dem wachsenden Selbstbewusstsein der früheren Kolonialvölker eine

Gegenbewegung einsetzte, die man am zutreffendsten als Regionalisierung bezeichnen kann und die häufig nichts anderes ist als die Wiederbelebung alter Denkgewohnheiten, Lebensformen, Überzeugungen und politischer Praktiken. Mit knappen Worten: Die Völker kehren zu ihrer »eigenen Identität« zurück.

Diese Wiederbelebung wirkte bei den verschiedenen Völkern naturgemäß auf sehr unterschiedliche Weise. In einigen Fällen führte sie zu nationalen Erneuerungen, in anderen erstreckte sie sich aber auf sehr viel größere Bereiche, beispielsweise auf die Anhänger transnational wirkender Religionen (Islam) oder auf die Erben uralter Kulturkreise (China). Beides hatte auch politische Konsequenzen: Über den herkömmlichen Staaten entstanden (und entstehen nach wie vor) größere politische Einheiten – Blöcke, Staatenblöcke, Weltregionen. Diese sind nach Organisationsform und -dichte untereinander höchst verschieden und unterscheiden sich infolgedessen auch nach Wirksamkeit und Erfolgen. Aber sie bilden zunehmend eine eigenständige mittlere Ebene zwischen den alten »Nationalstaaten« und den insgesamt doch sehr blass gebliebenen Vereinten Nationen. Die EU ist – *grosso modo* – selbst ein Beispiel dafür, allerdings ein besonders frühes, an dem sich die meisten anderen mehr oder weniger orientiert haben.

Entscheidend ist nun, dass sich die Bildung dieser Blöcke nicht an Eigenschaften und Tendenzen ausrichtet, die allen Völkern der Welt zu eigen sind, sondern genau umgekehrt an solchen, durch die sich die infrage stehenden Völker ganz bewusst von anderen unterscheiden, ja abgrenzen. Man braucht gar nicht auf die von Samuel Huntington in *Kampf der Kultu-*

ren entwickelte Theorie des Konflikts zwischen verschiedenen Kulturkreisen, besonders zwischen der westlichen Zivilisation und dem chinesischen und islamischen Kulturkreis, zurückzugreifen, um es doch für sehr wahrscheinlich zu halten, dass im Verhältnis zwischen den Blöcken nicht automatisch Sympathie und Brüderlichkeit herrschen werden, sondern die Regeln einer heftigen Konkurrenz – die üblichen Regelverstöße selbstverständlich eingerechnet. Das ist schon heute ein Problem der internationalen Wirtschaftspolitik, weil die »jungen Tiger« oder »Schwellenmächte«, an ihrer Spitze die sogenannten fünf BRICS-Staaten (Brasilien, Russland, Indien, China, Südafrika), immer mehr Waren und Dienstleistungen anbieten können, die bisher den Wohlstand Europas (und Nordamerikas) sicherten, und weil sie das aufgrund ihrer völlig andersgearteten Vorstellungen von Sozialpolitik und sozialer Sicherheit viel billiger tun können als Europa.

Darauf gibt es nur zwei Antworten. Einerseits, das pfeifen mittlerweile die Spatzen von den Dächern, wird Europa in allen seinen Gliedern immer neue, technisch anspruchsvollere und höher qualifizierte Produkte und Dienstleistungen auf die Weltmärkte werfen müssen. Andererseits wird es sich, möglichst wiederum in allen Gliedern, auf Dauer von solchen Wirtschaftszweigen trennen müssen, in denen es die Konkurrenzfähigkeit auf lange Sicht einbüßt. In den Staaten Europas wird es eine der kniffligsten Fragen überhaupt sein, den Verzicht auf nicht mehr zu haltende Wirtschaftszweige rechtzeitig anzumahnen, andere als sehr kurzfristige Erhaltungssubventionen zu verweigern und stattdessen vorübergehende Hilfen für neue, zukunftsträchtige Wirtschaftszweige aufzubringen.

Aber es geht hier nicht nur um ein ökonomisches, sondern auch um ein geistig-politisches Problem. Nicht in allen, wohl jedoch in den meisten von diesen Weltblöcken herrschen gänzlich andere Vorstellungen vom Wert der Menschenwürde, vom Verhältnis zwischen Individuum und Kollektiv, zwischen Freiheit und Gleichheit der Menschen, von der Geltung und dem Inhalt der Menschenrechte und vielem anderen, was Europäern und Nordamerikanern wichtig und übrigens auch in Artikel 1 der EU-Grundrechte-Charta zum Grundcharakter der EU erklärt worden ist:

Die Würde des Menschen ist unantastbar. Sie ist zu achten und zu schützen.

Wenn das zutrifft, muss Europa im Verhältnis zu diesen Blöcken nicht nur mit wirtschaftlichen, sondern auch mit geistigen Herausforderungen und in dieser Beziehung auch mit Konkurrenzkämpfen rechnen. Die heftigen Diskussionen über Universalität oder Nichtuniversalität der Menschenrechte zeigen heute schon, was sich daraus entwickeln kann, und die Auseinandersetzungen darüber, ob es Völker gibt, die für die Demokratie von vornherein nicht geeignet sind, ist nur ein zweites Beispiel. Weder Europa noch Nordamerika werden in diesen Auseinandersetzungen allein den Ton angeben oder gar ihre Vorstellungen weltweit durchsetzen können. Sie dürfen ja nicht einmal darauf bauen, dass ihre Völker von der Richtigkeit ihrer in Verfassungen niedergelegten Wertvorstellungen wirklich tief durchdrungen sind. Der wirtschaftliche Aufstieg Chinas hat in Deutschland beispielsweise sofort zu Diskussionen darüber geführt, ob nicht die chinesische

Verknüpfung von Diktatur nach innen und marktwirtschaftlichem Gebaren nach außen vielleicht doch besser sei als die europäische Verbindung von Demokratie und Marktwirtschaft. Eine staunenswerte Kapitulation bei vollem Frieden! Klar ist eines: Unter diesen Umständen wird Europa alle Hände voll zu tun haben, um seine wirtschaftliche Prosperität *und* seine politisch-kulturelle Identität zu bewahren. Das haben die Väter der Integration geahnt, als sie sagten, die Zeit der Klein- beziehungsweise Mittelstaaten sei vorbei. Das war zumindest als Grundmelodie gemeint, wenn als eines der Integrationsziele immer wieder der *Frieden* genannt wurde – Frieden eben nicht nur *in* Europa und *durch* Europa, sondern auch Frieden *für* Europa!

Die Erhaltung der von Europa erreichten Prosperität gehört heute zu den wichtigsten Aufgaben, deren Erfüllung der Unionsbürger wie selbstverständlich erwartet. Wenn man ihm die tiefgreifende Umstrukturierung der ganzen Welt, die wir soeben ein wenig beleuchtet haben, näher erklärt, wird er von der Bewahrung der europäischen Identität dasselbe sagen. Die Erfüllung beider Aufgaben wird er dann aber bestimmt weder von den Vereinten Nationen noch etwa vom Europarat erwarten, sondern von der EU, und wenn er in deren Politik weniger von dem erwarteten Bemühen entdeckt, als er erwartet, wird sein Vertrauen in diese Institution immer weiter schrumpfen.

Die EU im Wandel ihrer Aufgaben

Die Aufgabenstruktur, die solchen Wünschen des Bürgers zugrunde liegt, ist allerdings nicht dieselbe, die bei der Gründung der europäischen Gemeinschaften in den Jahren 1952/57 Pate stand. Das ist nicht nur für die EU und ihre Organe selbst von grundlegender Bedeutung, sondern wahrscheinlich auch für die Gesamtheit der Unionsbürger und ihr Verhältnis zur EU. Diesem Aufgabenwandel muss man also genauer nachgehen.

Das Integrationswerk der Fünfzigerjahre war zunächst eine Antwort auf die Erkenntnis, dass Europa sich einen weiteren Krieg vom Typus der beiden Weltkriege sowohl aus humanitären als auch aus wirtschaftlichen Gründen nicht mehr würde leisten können und dass mit dem Ende des Zweiten Weltkriegs die Zeit vorbei war, in der die Klein- und Mittelstaaten Europas jeder für sich alle ihre Probleme selbst lösen konnten. Man hoffte auf die Synergieeffekte, die in einer europäischen Wirtschaftsgemeinschaft angelegt waren, und erhoffte sich daneben wohl auch, dass ein integriertes Europa im sich abzeichnenden russisch-amerikanischen Dualismus und in der ebenfalls absehbaren Entkolonisierung der Welt stärker aufträte, als es die Einzelstaaten konnten.

Aber das alles waren nicht so sehr konkrete, präsente Aufgaben als vielmehr Zukunftshoffnungen. Im Vordergrund standen *innereuropäische* Motive, vor allem die Sicherung des Friedens zwischen den Mitgliedstaaten, der durch die Vergemeinschaftung der Verfügungsgewalt über die bisherigen Hauptstreitobjekte Kohle und Stahl erreicht werden sollte. Dazu kam, als neue Aufgabe, die gemeinsame Nutzung der

Kernenergie in der Euratom-Gemeinschaft. Im Mittelpunkt befanden sich ferner die Deutschland betreffenden Motive. Zwar waren sie ursprünglich auf fast konträre Ziele ausgerichtet: Frankreich, Italien und die drei Beneluxstaaten (Belgien, Niederlande, Luxemburg) wollten – und erhielten – ein gewisses Mitspracherecht in Fragen der wieder erstarkenden deutschen Wirtschaft. Deutschland bekam dafür aber die große Chance, in europäischem Gewand auf die ihm bisher verschlossene internationale Bühne zurückzukehren.

So verschieden die Ziele waren, so selbstverständlich führten sie zu den gleichen, übereinstimmenden Entscheidungen, die in den Verträgen über die Europäische Gemeinschaft für Kohle und Stahl (Montanunion), die Europäische Wirtschaftsgemeinschaft (EWG) und die Europäische Atomgemeinschaft (Euratom) denn auch niedergelegt wurden.

In der langen Zeit seit der Gründung der drei Gemeinschaften haben die seinerzeit übernommenen Aufgaben vielfache Änderungen und Ergänzungen erfahren. Im Wesentlichen sind sie zwar so geblieben, wie sie zu Anfang gedacht waren, die *Gewichtung* zwischen ihnen hat sich allerdings grundlegend geändert. Vor einem Übergewicht Deutschlands besteht heute kaum noch Angst, im Gegenteil wird es, soweit man von den augenblicklichen Zahlungsansprüchen absieht, meist heftig kritisiert, wenn es sich in einer aktuellen Frage keine Führungsrolle zuschieben lässt. Kohle und Stahl sind längst keine umkämpften Streitobjekte mehr, sondern eher die Quelle von Problemen – bei der Kohle wegen der hohen Abbaukosten, beim Stahl wegen der oft sprunghaft wechselnden Nachfrage auf den Weltmärkten. Auch die Kernkraft, für die ursprünglich eine eigene Gemeinschaft vorgesehen war, hat kein halbwegs zentrales Gewicht mehr, seit sie mehr und mehr nur noch als Gefahrenquelle betrachtet wird. Geblieben ist eigentlich nur die Wirtschaftsgemeinschaft EWG, die sich auf den Weg zum Gemeinsamen Markt gemacht und dabei überraschende – und fortdauernde – Erfolge erzielt hat.

Zugleich sind die EU und ihre Politik zum Opfer einer menschlichen Untugend geworden, die darin besteht, dass die Menschen positive Entwicklungen sehr schnell für selbstverständlich halten und nicht mehr sehen, dass man sie auch wieder verlieren kann. »Nicht geschimpft ist auch gelobt«, sagt man dazu im Schwabenland, aber der Satz gilt offensichtlich in ganz Europa. Statt eines noch so verdienten Lobs kritisiert man lieber das, was noch nicht so gut funktioniert wie gewünscht, und beide Erscheinungen – die Umwertung der Gemeinschaftsaufgaben im öffentlichen Bewusstsein und die notorische Undankbarkeit der Unionsbürger – können also ebenfalls den Missmut und den Vertrauensverlust erklären, die Europa weithin beherrschen. Dass es auch objektive Gründe für diese Haltung gibt, braucht man dabei weder zu vergessen noch zu verschweigen.

Die EU und die Politik des Friedens

Wichtigster Grund für den Vertrauensverlust, den die EU in jüngerer Zeit erlitten hat, sind die großen Mengen an Normen, die sie produziert, und diese Reaktion der Unionsbürger ist, zumindest was ihren Kern betrifft, durchaus berechtigt. Weniger begründet sind Vorwürfe, die gegen die Europäische Union auf den Gebieten der Außen-, Sicherheits- und Friedenspolitik erhoben werden. Obwohl man nicht bestreiten kann, dass es um die außen- und sicherheitspolitischen Leistungen der EU ziemlich schlecht bestellt ist, muss man bei einem solchen Urteil auch zugeben, dass diese beiden Politikfelder nicht zu den zentralen Aufgaben gehören, die die Gemeinschaftsverträge der EU und ihren Organen zuweisen. Die Sicherheitspolitik gehört grundsätzlich in den Zuständigkeitsbereich der NATO, und um die »Weltpolitik« steht es nicht sehr viel anders – hier versucht der Sicherheitsrat der Vereinten Nationen seine Rolle zu spielen. Wenn der EU in der Öffentlichkeit aber oft ein grundsätzliches Versagen auf dem Gebiet der Friedenssicherung nachgesagt wird, so schreit das nach einer differenzierenden Antwort.

Dass die EU und ihre Vorgängerorganisationen innerhalb ihres jeweiligen Mitgliederkreises seit Anbeginn für einen stabilen Frieden gesorgt haben, ist über jeden Zweifel erhaben und gehört zu ihren großen, um nicht zu sagen historischen Leistungen. Ihre Versuche, auch im eigenen *europäischen Umfeld* für Frieden zu sorgen, sind demgegenüber eher als gescheitert zu betrachten. Es mag ja sein, dass das frühe Interesse, das die europäischen Instanzen während der Auflösung der Sowjetunion an den baltischen Staaten zeigten, deren Übergang in die Souveränität gefördert hat, zumal die NATO in dieser Frage eine ähnlich klare Haltung an den Tag legte. Bei der Auflösung Jugoslawiens jedoch, wo durch eine glasklare Linie und die Entschlossenheit, diese denn auch durchzusetzen, zwar nicht jedes, aber doch viel Blutvergießen hätte verhindert werden können, schlugen fast von Anfang an die Generationen alten Unterschiede in der Bewertung »balkanischer« Probleme durch die diversen Außenministerien durch.

Dadurch wurde nicht nur ein wirklich erfolgversprechendes militärisches Eingreifen, sondern auch eine klare und unmissverständliche politische Linie der EU verhindert. In dieser wichtigsten Krise ihres Umfelds hat die EU schlicht versagt. Lösen mussten diese Krise letztendlich, wie so oft, die Amerikaner.

Mitunter entsteht der Eindruck, dass die außenpolitische Impotenz der EU durch besondere Betriebsamkeit bei der Aufnahme neuer Mitglieder überdeckt, vielleicht sogar kompensiert werden soll. Tatsächlich hat es ja eine gewisse Logik, den Kreis der Mitgliedstaaten zu erweitern, wenn in einer echten Außenpolitik die Erfolge zu hoch gehängt sind, im Innern der EU selbst aber, wie gezeigt, bedingungslos Frieden herrscht. Dass es in dieser Beziehung einen realen Zusammenhang gibt, zeigt das Beispiel Griechenland–Türkei: Das Verhältnis zwischen den beiden Todfeinden hat sich in jüngster Zeit merklich verbessert, und man kann durchaus in Erwägung ziehen, ob das nicht auch von den türkischen Beitrittswünschen zur EU gefördert wurde. Allerdings ließe sich hier sofort der törichte Namensstreit zwischen Griechenland und Mazedonien als Gegenbeispiel anführen. Und außerdem stieße die Methode, wenn es sie denn wirklich geben sollte, auch sehr rasch auf Grenzen: Den Mitgliederkreis der EU *nur* zur Erweiterung der europäischen Friedenszone zu vergrößern, muss ja dazu führen, dass auf andere selbstverständliche Voraussetzungen für den Beitritt – von der demokratischen und rechtsstaatlichen Ausrichtung des beitretenden Staates bis zu seiner ökonomischen Innovationsfähigkeit (und Innovationsbereitschaft) – geringeres Gewicht gelegt wird, als nötig wäre.

Übrigens stoßen wir hier auf einen zentralen Fehler der bisherigen Aufnahmepolitik der EU. Sie hat zu wenig auf ein gewisses Maß an *Homogenität zwischen ihren Mitgliedern* geachtet. Im wirtschaftlichen Sektor bedeutet das, dass in die EU zwar wirtschaftsstärkere *und* wirtschaftsschwächere Staaten aufgenommen werden können, dass bei den Letzteren aber wenigstens die reale Hoffnung bestehen muss, sie würden teils aus eigener Kraft, teils mithilfe der anderen Mitgliedstaaten binnen angemessener Frist auf eigenen Beinen stehen können, und dass dies auch nicht durch »politische« Argumente ausgeglichen werden kann. Die politischen Argumente müssen zwar ebenfalls geprüft werden, aber sie müssen nicht *statt*, sondern *neben* den wirtschaftlichen in ausreichendem Maße gegeben sein.

Aber zurück zum ursprünglichen Thema. Wenn die Versuche der EU, vor ihrer eigenen Tür für Frieden zu sorgen, schon so wenig Erfolg haben, was soll die EU dann *in anderen Teilen der Welt* bewirken, wo es noch viel ruppiger zugeht als in Europa und wo sich derzeit gewaltige technisch-ökonomische sowie politisch-ideologische Umbrüche ereignen? Kann sich die EU damit begnügen, die Exporte des europäischen Wirtschaftsraums zu fördern, oder muss sie sich – beispielsweise – auch um die Freiheit der internationalen Handelswege zu Wasser und auf dem Land kümmern? Hat sie die Chance, mit an dem Tisch zu sitzen, an dem sich China und die USA treffen und an dem wahrscheinlich mehr Weltpolitik gemacht wird als im New Yorker Hochhaus der Vereinten Nationen? Was bedeuten für sie das Erstarken des Islam und die jüngsten arabischen Revolutionen, und was bedeutet beides für die europäische Mittelmeerpolitik?

Ein Fall dringender Interessenwahrnehmung

Die soeben angesprochenen Beispiele für eine gesamteuropäische Verantwortung der EU im Weltmaßstab sollen die Aufmerksamkeit der Leser nicht in falsche Bahnen lenken. Es geht nicht um die Beteiligung Europas an einer erneuten Verteilung der Welt, wie es sie in Kolonialzeiten gab, auch nicht um ihre Aufteilung in lockere, dafür aber großflächigere Interessenzonen, ja noch nicht einmal um die Festlegung atomwaffenfreier Zonen oder dergleichen. Bei einer wirklich ernsthaften Klimapolitik mag es sich anders verhalten, weil in ihr stets auch die Verteilung von Entwicklungschancen für die einzelnen Kontinente enthalten sein wird. Ein völlig anderes, noch dazu vor der Haustür liegendes Problem, das dringend einer einheitlichen europäischen Politiklinie bedürfte, ist aber die *Zinspolitik* und mit ihr die *Währungspolitik*.

Lässt man für einen Augenblick den Anteil der Staatshaushalte und ebenso den Anteil einer völlig aus dem Ruder gelaufenen Politik der großen Banken an der gegenwärtigen Krise außer Betracht, so erkennt man, dass die Niedrigzinspolitik, die die USA seit geraumer Zeit betreiben, zumindest *eine* Ursache des herrschenden Chaos ist.

Am Anfang standen zunächst wohl die Vorgänge um die später sogenannte Hypothekenblase. Jahrelang vergaben die amerikanischen Banken mit wohlgefälliger Billigung ihrer Regierung(en) Hypotheken an Bauherren, die kaum Eigenkapital und auch keine anderen Sicherungen vorzuweisen hatten. Das fiel zunächst niemandem auf, weil die Zinsen infolge einer Politik des leichten Geldes außergewöhnlich niedrig waren und die Grundstückspreise wegen einer gewaltigen

Nachfrage so sehr stiegen, dass – scheinbar – kein Hauseigentümer bei dem Geschäft Verlust machen konnte. Das Erwachen kam – nicht nur für die Amerikaner – erst, als die Blase eines Tages platzte. Aber das ist nicht unser Thema. Für uns interessant ist nur das Stichwort »Niedrigzinspolitik«.

Diese Politik hat nämlich auch eine weltpolitische Seite, durch die Europa, ja praktisch die ganze Welt unmittelbar betroffen ist. Die USA haben im internationalen Rahmen seit Jahren eine negative Leistungsbilanz vorzuweisen, sie leben also auch als Nation auf Kredit, vor allem auf Kredit der machtvoll aufstrebenden chinesischen Wirtschaft, und das gibt ihrer Niedrigzinspolitik einen zweiten Grund: Es geht nicht mehr nur um die sozialen Motive, aufgrund deren jeder Amerikaner möglichst ein eigenes Haus haben sollte, sondern die USA müssen ihre Zinsverpflichtungen auch aus außenwirtschaftlichen Gründen möglichst niedrig halten, um ihre Schulden bei China wenigstens einigermaßen bedienen zu können.

Die Überzeugungen der deutschen Währungs- und Haushaltspolitik stehen zu den amerikanischen in einem Gegensatz, den man nur als *diametral* bezeichnen kann und der durch die kollektive Erinnerung beider Völker möglicherweise noch potenziert wird: in Deutschland durch die Erfahrungen aus der Inflation von 1922/23, in den USA durch die Erinnerung an den Schwarzen Freitag von 1929, den Zusammenbruch der New Yorker Börse. Allerdings ist Deutschland zu klein, um die Niedrigzinspolitik der USA zu konterkarieren, und dürfte das nach den Kreditaufnahmen aus den diversen Euro-Krisen nicht einmal mehr wirklich wünschen wollen. Wie pervers die Lage ist, zeigt sich gerade daran, dass es

ausgerechnet die so zweifelhaften amerikanischen Rating-
agenturen sind, die gegenwärtig als Einzige, wenn auch nur
vorsichtig, sich in Richtung Zinserhöhungen bewegen.
Wäre die EU in dieser Sache einig, so wäre die Zinspolitik
geradezu *das* klassische Beispiel für eine Materie, in der die
EU in einem zentralen Gegensatz zwischen verschiedenen
Lagern wenn schon nicht vermitteln, so doch ihre *eigene*
Stimme aus ihren *eigenen* Interessen erheben müsste. Wer
heute die Zeitung aufschlägt, weiß allerdings, dass sich diese
Möglichkeit auf mittlere Sicht kaum ergeben wird – der Mei-
nungsunterschied geht auch mitten durch Europa und durch
die EU hindurch.

Schlank, kompetent und schlagkräftig

Das waren nur wenige Aspekte aus dem großen Feld der
außenpolitischen »Bedürfnisse«, die ein moderner Europäer
sieht. Ihnen steht eine weitreichende Kompetenzlosigkeit der
EU gegenüber. Hier haben wir einen weiteren, entscheidenden Grund für die Unzufriedenheit der Unionsbürger mit der
EU. Die Verantwortung dafür tragen allerdings nicht so sehr
die Organe der EU als vielmehr die Mitgliedstaaten, die diesen entweder wesentliche Funktionen vorenthalten oder
selbst zu keiner einheitlichen Linie finden.
Unter historischen Aspekten ist der Vorgang, um den es
hier geht, übrigens gar nicht so neu. In der Geschichte hat es
immer wieder Beispiele dafür gegeben, dass eine Institution,
die für einen bestimmten Zweck geschaffen worden war, un-
vermutet ganz andere, neu aufgetretene Aufgaben überneh-

men musste. Dann dürfte es in der Regel auch die gleichen Entwicklungen gegeben haben: Zunächst erwies es sich als Segen, dass für die neue Aufgabe keine neue Institution geschaffen werden musste. Später stellten sich dann aber Lücken in der Problembewältigungskompetenz heraus, die durch größere oder kleinere Korrekturen an der alten Institution geschlossen werden mussten. Die weitgehende außenpolitische Kompetenzlosigkeit der EU dürfte eine solche Lücke sein.

Allerdings sind auch hier *Kautelen* nötig. Die Erweiterung der außenpolitischen Zuständigkeiten der EU, der hier das Wort geredet wird, kann nicht nach dem Muster der bisherigen diplomatischen Dienste vor sich gehen. Die altgewohnten Botschaftsdienste in sämtlichen Hauptstädten der Welt können ruhig bei den Mitgliedstaaten belassen werden. Die EU sollte nur dort zuständig werden, wo es sich wirklich um die *gemeinsamen* Interessen Europas handelt. Das setzt nach allen Maßstäben der Vernunft einen schlagkräftigen, das heißt *kleinen* und gerade deshalb auch *flexiblen* Personalkörper voraus, dessen Hauptansatzpunkt nicht die Unterhaltung diplomatischer Vertretungen, sondern eine extrem zielgerichtete *Konferenz-* und *Reisediplomatie* ist. Mehr denn je muss hier gelten, dass die EU kein Staat im herkömmlichen Sinne ist – und, ganz allgemein, dass weniger mehr ist.

Übrigens könnte die Überschrift »Schlank, kompetent und schlagkräftig« nicht nur über einem Abschnitt stehen, der sich mit einer erweiterten Außenpolitik der EU befasst, sondern über diesem ganzen Buch. Denn die modernen Herausforderungen, auf die mit einer so umschriebenen Politik geantwortet werden soll, kommen nicht nur aus der sogenannten großen Weltpolitik, sondern aus vielen anderen

Gebieten, vor allem aus der Wirtschaftspolitik, genauso aber auch aus den Feldern der Technik und der Naturwissenschaften, und sie stellen sich immer schneller und, wie es scheint, immer nachdrücklicher ein. Das bedeutet aber: Wer mit ihnen fertigwerden will, muss seine heutige, auf den ganzen Erdball ausgedehnte Umwelt sorgfältig beobachten, sich abzeichnende Risiken sowie Chancen erkennen und auf sie reagieren. Vor allem aber braucht er die Fähigkeit zu raschen Entscheidungen, die Kraft, mutige Entscheidungen zu treffen und sodann durchzusetzen, und nicht zuletzt die Entschlossenheit, sich dabei nicht von anderen, konkurrierenden Mächten aus dem Spiel werfen zu lassen. Kurz gesagt: Er braucht eine *reale, nach außen gerichtete Durchsetzungskraft*. Wir werden sehen, ob wir das der EU in ihrer gegenwärtigen Form zutrauen können.

Bürokratismus
und Normenhypertrophie

Die entscheidende Frage ist also, ob Europa in seiner heutigen Verfassung innerlich und äußerlich, machtpolitisch und psychologisch so stark ist, dass es den zum Teil rasanten Veränderungen seiner Umwelt einigermaßen gewachsen ist.

Das wird man bezweifeln dürfen. Es gibt mehr als einen Punkt, an dem die Ausstattung der EU mit Befugnissen und Zuständigkeiten weit hinter dem zurückbleibt, was es bräuchte, um den tatsächlichen Gegebenheiten der sich neu formierenden Welt und den darauf gerichteten Erwartungen seiner Bürger gerecht zu werden. Das gilt selbst dann, wenn man – wie hier – militärische Aktivitäten als ein ungeeignetes Mittel zur Lösung der heute anstehenden Fragen betrachtet.

Nach hier vertretener Ansicht ist eine der wichtigsten Ursachen für die gegenwärtige Schwäche der EU die Normenflut, die die EU unaufhörlich ausstößt. Das mag zunächst einmal etwas überraschen, da die Gesetzgebung allenthalben als die wichtigste, segensreichste Funktion öffentlicher Institutionen gilt, ist aber doch nur eine Teilantwort auf die gestellte Frage. Natürlich führt Gesetzlosigkeit grundsätzlich zur Anarchie. Aber am anderen Ende der Fahnenstange muss es doch auch Grenzen geben. Die unbestreitbare Freiheitlichkeit der westlichen Staaten ist gerade *der* entscheidende Vorteil des Westens gegenüber anderen Staatstypen dieser Welt. Sie kann aber durch ein Übermaß an Regulierungen sehr rasch so eingeengt werden, dass darunter auch Eigenschaften wie Wissensdurst, Kreativität und Durchsetzungsfreude zu leiden haben. Wir sind also an einem ganz kritischen Punkt unserer Stellung in der heutigen Welt.

Bei den Verhandlungen mit Staaten, die in die EU aufgenommen werden wollen, wird diesen der sogenannte *aquis communautaire* vorgelegt. Das ist die Gesamtheit aller Vorschriften, die in der EU gelten und vom Antragsteller daher übernommen werden müssen – Verträge, Verordnungen, Richtlinien, Kommissionsbeschlüsse, Gerichtsentscheidungen und so weiter. Die Angaben über den Umfang dieser Rechtsmasse schwanken zwar, die meisten Schätzungen von Fachleuten liegen aber zwischen 60 000 und 70 000 Druckseiten. Es fällt schwer zu entscheiden, was hier mehr zu bewundern ist: der Fleiß der Brüsseler Normsetzer oder die Sinnlosigkeit ihrer Arbeit. Jedermann wird Verständnis dafür haben, dass schon heute moderne Einzelstaaten nicht mehr nach den Zehn Geboten regiert werden können, sondern eine breit ausgefächerte Rechtsordnung benötigen und dass dies erst recht für ein so kompliziertes Einigungswerk wie das der EU gilt. Trotzdem ist die genannte Zahl nicht akzeptabel. Sie macht nicht nur zahllosen Bürgern der EU das tägliche Leben schwer, sondern sie verstößt auch gegen zentrale Anforderungen an eine moderne Rechtsstaatlichkeit. Und was für einen modernen Rechtsstaat gilt, muss schließlich auch für die EU gelten, die immerhin ein Zusammenschluss solcher Rechtsstaaten ist.

Vier Argumente gegen die Normenflut

Es sind insbesondere vier Gesichtspunkte, die gegen die Brüsseler Normenproduktion und die dahinterstehende Normgläubigkeit sprechen.

1. Moderne Staaten und erst recht staatsähnliche Institutionen wie die EU sind aus gutem Grund nicht darauf angelegt, dass sie ihre Gesetze gegenüber dem Bürger mit Gewalt durchsetzen, sondern sie leben davon, dass die überwiegende Mehrzahl ihrer Bürger die sie betreffenden Bestimmungen *freiwillig beachtet*; das ist ein entscheidender Aspekt moderner Rechtsstaatlichkeit. Um eine Vorschrift freiwillig befolgen zu können, muss man sie aber zunächst *kennen*, »im Kopf haben«, und das ist umso weniger zu erwarten, je mehr Vorschriften infrage stehen. 60 000 bis 70 000 Druckseiten voller Bestimmungen kann kein Mensch »im Kopf haben«. Selbst wenn er dabei auf seinen Computer zurückgreift, wird er sich in einer solchen Normenmasse nicht zurechtfinden. Dann ist die Gefahr groß, dass viele Vorschriften auf die Dauer »leerlaufen« – was dem Ansehen und der Vertrauenswürdigkeit ihres Urhebers bestimmt nicht nützlich ist – oder dass es eben doch zum Rückfall in Überwachung und Zwangsvollzug kommt – was wiederum den Idealen moderner Rechtsstaatlichkeit widerspricht.

2. Sobald eine Rechtsordnung überwiegend mit Kontrolle und obrigkeitlichem Zwang durchgesetzt werden muss, treten hohe *Dunkelziffern* auf, weil Kontrolle und Vollstreckung immer lückenhaft bleiben werden. Aus Sicht der EU würde sich also der Wirkungsgrad ihrer Vorschriften reduzieren, was an sich schon wenig erfreulich wäre. Der Bürger aber würde europäische Vorschriften, je länger desto mehr, nur noch als Ermächtigungen zu behördlichen Überraschungseingriffen erleben. Auf diese Weise ist ein Ansehen des europäischen Rechts und ein

Vertrauen darauf schwerlich zu schaffen. Also ist auch die Autorität des europäischen Rechts in Gefahr.

3. Unter diesen Umständen wird jede Rechtsordnung, je größer sie wird und je weiter sie sich ausdehnt, immer mehr auch zum Risiko für die Gleichmäßigkeit ihres eigenen Vollzugs. Die Klage darüber ist heute bereits allgemein, besonders in der mittelständischen Wirtschaft. Große Konzerne haben, soweit sich das von außen beurteilen lässt, noch die geringsten Schwierigkeiten: Sie haben große Rechtsabteilungen, die sie rechtzeitig vor Rechtsproblemen warnen und damit vor Rechtsverstößen bewahren können. Kleinere Unternehmen leben in dieser Beziehung sehr viel unsicherer, weil sie sich eine solche permanente Rechtsberatung nicht leisten können und sich daher erst rechtskundig zu machen vermögen, wenn schon etwas »passiert ist«. Hier wird der Gleichheitssatz massiv tangiert. Schließlich müssen alle Menschen nicht nur vor dem Gesetz, sondern ebenso vor dem Gesetzes-*vollzug* gleich sein.

4. Man mag gegen die bisherigen Kritikpunkte einwenden, dass sie auch gegen die Rechtsordnungen der meisten Mitgliedstaaten der EU vorgebracht werden können. Dem kann hier uneingeschränkt zugestimmt werden. Nur schaffen abstrakte Normen umso mehr Probleme, je größer ihr territorialer Anwendungsbereich wird. Selbstverständlich müssen Rechtsvorschriften, auch wenn sie von der EU erlassen werden, abstrakt formuliert sein, damit sie unbestimmt viele Einzelfälle entscheiden oder zumindest *vor*entscheiden können. Abstraktion bedeutet jedoch, dass aus dem Tatbestand einer Rechtsnorm immer

mehr Bezüge zur Realität verschwinden und durch theoretische Überlegungen »vom grünen Tisch« ersetzt werden. Ein Gesetzgeber muss beim Erlass abstrakter Normen also umso vorsichtiger sein, je vielgestaltiger die Wirklichkeit ist, die er zu regeln hat. Die Gefahr lebensfremder, für den Bürger unverständlicher Normen wächst proportional zur Vielgestaltigkeit des geregelten Gegenstands und diese ihrerseits mit der Größe des territorialen Anwendungsbereichs. Die EU hätte deswegen jeden Grund, in dieser Frage noch vorsichtiger zu sein als ihre Mitgliedstaaten.

Ursachen und Tricks

Wenn man die soeben aufgezählten Risiken betrachtet, muss man sich fragen, warum die europäische Bürokratie ihnen zum Trotz solche Unmengen an Rechtsnormen produziert.

Natürlich drängt sich da das Klischee auf, es gebe »in Brüssel« zu viele Beamte, die beschäftigt werden müssten. Aber diese Binsenweisheit zäumt gewissermaßen den Gaul von hinten auf. Ob eine Institution zu viel Personal hat, lässt sich erst beurteilen, wenn man eine vollständige Übersicht ihrer Aufgaben und Funktionen vor sich liegen hat und auf dieser Grundlage nachprüfen kann, ob das gesamte Personal zahlreicher ist, als zur Erfüllung der Aufgaben nötig wäre.

Allerdings gibt es auch ein Indiz, das in die umgekehrte Richtung weist, und das soll hier nicht verschwiegen werden: Nach uraltem europäischem Brauch wird die Nützlichkeit eines Beamten durchaus nach der Zahl der von ihm erlassenen Entscheidungen, in den höheren Rängen also nach der Zahl der von ihm geschaffenen Vorschriften beurteilt. Die Beamten selbst scheinen sich nach dieser Regel einzustufen – für das, was er unterlassen hat, wird nur selten einer belobigt. Es gibt kein Argument dafür, dass das ausgerechnet bei EU-Beamten, ja selbst bei Mitgliedern der EU-Kommission anders wäre.

Wirklich entscheidend ist allerdings etwas ganz anderes, nämlich die Verteilung der Zuständigkeiten zwischen der EU-Gemeinschaft und ihren Mitgliedstaaten: Wenn alles mit rechten Dingen zugeht, können die Brüsseler EU-Organe nur in dem Rahmen Vorschriften erlassen und sonstige Entscheidungen treffen, in dem ihnen die Verträge solche Zuständigkeiten beziehungsweise Kompetenzen zubilligen. Das ist in zahllosen Vertragsartikeln geschehen, auf die wir hier aber nicht im Detail einzugehen brauchen. Auch ist die Vertragsänderung nach geltendem Gemeinschaftsrecht so kompliziert, dass die Zuständigkeitszuweisungen wie auch die Zuständigkeitsgrenzen gegen allzu großzügige Veränderungen ziemlich sicher sind (schon deshalb besitzen die Brüsseler EU-Organe, anders als oft behauptet, auch keine »Kompetenz-Kompetenz«).

Bedauerlicherweise bieten die Verträge aber auch Möglichkeiten, die Zuständigkeiten der EU aus deren Organen heraus, ohne das schwerfällige Ratifikationsverfahren in 28 Gliedstaaten, zu erweitern.

– Eine dieser Möglichkeiten ist in Artikel 352 des Vertrags über die Arbeitsweise der EU vorgesehen. Danach haben Kommission, Rat und Parlament das Recht, auf den ihnen zugewiesenen Aufgabenfeldern auch solche Befugnisse in

Anspruch zu nehmen, die ihnen die Verträge zunächst nicht zugebilligt (und damit also verweigert) haben.

– Eine andere Möglichkeit besteht darin, dass die Zuständigkeitsvorschriften der Verträge, die oft nur mit ziemlich vagen Begriffen arbeiten, von den Führungsorganen der EU und mit späterer Zustimmung des Europäischen Gerichtshofs so extensiv ausgelegt werden, wie es nur eben möglich ist. Diese Methode kennen wir schon aus der deutschen Staatspraxis, die dem Bund auf den meisten Sachgebieten eine fast unumschränkte Gesetzgebungsbefugnis zugewiesen hat. Das böse deutsche Beispiel macht jedoch das europäische Imitat nicht besser, zumal man nie genau sagen kann, wo die Auslegung endet und das vertragswidrige Verfahren beginnt. Das alles sind wenig sinnvolle Einfallstore für zusätzliche Normenmassen und damit Verstöße gegen einen der wichtigsten Grundsätze des öffentlichen Rechts: Zuständigkeitsvorschriften müssen, wo immer sie auftreten, glasklar formuliert sein, sonst laden sie zu Grenzüberschreitungen förmlich ein.

Was die Art der Zuständigkeitsverteilung zwischen der »Zentrale« und den Gliedstaaten betrifft, unterscheidet das deutsche Grundgesetz im Wesentlichen zwischen der ausschließlichen Zuständigkeit des Bundes und der konkurrierenden Zuständigkeit von Bund und Ländern. Der EU-Vertrag folgt diesem Modell fast spiegelbildlich, indem er zwischen den »ausschließlichen Zuständigkeiten« der Union und den zwischen Union und Mitgliedstaaten »geteilten« Zuständigkeiten unterscheidet (Artikel 3 und 4 des Vertrags über die Arbeitsweise der EU). Daraus folgt logisch: Was weder unter die eine noch die andere Kategorie fällt, ist ausschließliche Zuständigkeit der Mitgliedstaaten; die Union hat in diesen Bereichen nicht mitzureden. Nur ist das alles andere als Staatspraxis – es fehlt nicht an Versuchen Brüssels, den Mitgliedstaaten auch in diese Bereiche hineinzureden. Die Begründungen, die dafür gegeben werden, sind mannigfaltig, berufen sich aber meist auf die zahlreichen Gleichheitssätze, die in den Gemeinschaftsverträgen enthalten sind. Gewiss führen verteilte Zuständigkeiten zu Ungleichheiten zwischen den Bürgern der einzelnen Mitgliedstaaten, aber die Europäische Union soll hier eben gerade *nicht* eingreifen; das besagen Wortlaut und Sinn der einschlägigen Vertragsartikel.

Einen Einbruch in ausschließliche Zuständigkeiten der Mitgliedstaaten hat man in Brüssel sogar schon auf die Grundrechte-Charta der EU stützen wollen. Diese ist mittlerweise Bestandteil der Gemeinschaftsverfassung und könnte daher durchaus zur Auslegung anderer Gemeinschaftsbestimmungen herangezogen werden. Aber Grundrechte sind nach alter europäischer Rechtstradition gegen den Staat – beziehungsweise im vorliegenden Fall gegen die EU – gerichtet, geben ihm also keine speziellen Befugnisse, sondern schränken diese im Gegenteil gerade ein. Das ist in der Charta und in verwandten Vorschriften auch mehrfach deutlich ausgesprochen worden. In die EU-Verfassung sind sie aufgenommen worden, weil die europäischen Instanzen immer mächtiger wurden, um dieser Macht ihre Grenzen zu weisen – mehr nicht. Trotzdem fehlt es nicht an Versuchen der Brüsseler Bürokratie, aus ihnen zusätzliche Gesetzgebungsaufträge herzuleiten, die Grundrechte also nicht gegen die EU selbst anzuwenden, sondern sie in Richtung gegen die Mitgliedstaaten umzubiegen. Vielleicht erklärt sich daraus sogar manche juristische Eskapade, die sich der Europäische Gerichtshof in seiner Rechtsprechung zu Diskriminierungsfragen leistet. Akzeptabel sind derlei Interpretationskunststücke jedenfalls nicht.

Der Grundsatz der Subsidiarität

Die bisherige Praxis der EU-Organe hat von den der Gemeinschaft zugeschriebenen Gesetzgebungszuständigkeiten ziemlich rigoros Gebrauch gemacht. Ob in einer konkreten Frage wirklich eine europaweite Regelung notwendig ist, ob eine Regelung durch die Mitgliedstaaten nicht gleich vernünftig oder vielleicht sogar vernünftiger wäre, dürfte, wenn man die Ergebnisse in Betracht zieht, in Brüssel kaum je eine große Rolle gespielt haben. Die Auseinandersetzungen um die sogenannte Normenhypertrophie entbrannten in den allermeisten Fällen genau um diese Frage.

Dem sollte eine neue Vorschrift aus den jüngsten Vertragsfassungen entgegenwirken, die insbesondere von deutscher Seite immer wieder in die Verhandlungen eingebracht wurde. Artikel 5 Absatz 1 Satz 2 des Vertrags über die Europäische Union lautet:

> Für die Ausübung der Zuständigkeiten der Union gelten die Grundsätze der Subsidiarität und der Verhältnismäßigkeit.

Ergänzend dazu gibt es noch ein konkretisierendes »Protokoll über die Anwendung der Grundsätze der Subsidiarität und der Verhältnismäßigkeit«.

Der Subsidiaritätsgrundsatz beruht auf den verschiedensten historischen Grundlagen. Am bedeutendsten ist seine Festlegung in der Sozialethik der katholischen Kirche, wo er seit der berühmten Enzyklika *Quadragesimo anno* vom Jahre 1931 eine hervorragende Rolle spielt. Er sagt mit scheinbar dürren, dann aber doch interpretationsbedürftigen Worten aus, dass eine Regelung durch die kleinere Gemeinschaft stets der Regelung durch eine größere Gemeinschaft vorangehen soll, jedenfalls dann – so wird man hinzufügen müssen –, wenn die angebotenen Problemlösungen in ihrer Qualität nicht allzu weit auseinanderliegen.

Um kirchliche Dogmatik geht es dabei freilich nicht, oder jedenfalls nicht allein. Man kann den Subsidiaritätsgrundsatz auch ganz einfach als Gebot der politischen Klugheit verstehen. Es war schon davon die Rede, dass eine Rechtsnorm umso abstrakter wird, je größer ihr Anwendungsbereich und die Zahl der Einzelfälle wird, auf die sie in der Praxis angewandt werden soll. Schließlich werden aus ihr, als Folge des dadurch notwendig werdenden Abstraktionsvorgangs, immer mehr Tatbestandselemente herausfallen, die mit der *Wirklichkeit* zusammenhängen, und es werden in ihr immer mehr Tatbestandselemente eine Rolle spielen, die gewissermaßen »am grünen Tisch« erdacht und formuliert worden sind.

Das Gleiche gilt auch auf der personellen Seite: Je weiter der Normsetzer von den künftigen Normadressaten geografisch oder hierarchisch entfernt ist, desto mehr wird er diesen als realitätsfern erscheinen. Schon das spricht sehr für die immanente Vernünftigkeit des Subsidiaritätsgrundsatzes.

Von Rechts wegen ist also alles in schönster Ordnung. Aber der Schein trügt: Solche weit gefassten und dem Laien kaum verständlichen Grundsätze funktionieren in der Praxis nur dann, wenn die, die sie vollziehen sollen, von ihnen einigermaßen überzeugt und zu ihrer fairen Anwendung bereit sind. Sie funktionieren aber nicht, wenn sie in jedem Einzelfall erst vor Gericht erstritten werden müssen und das dafür zuständige Gericht zu ihrer Durchsetzung selbst auch keine große Lust zu verspüren scheint. Genau das eine ist aber beim Apparat der EU-Kommission und das andere beim Europäischen Gerichtshof der Fall.

Wie die Dinge stehen, zeigt vielleicht am besten die aus Brüssel zu hörende Argumentation, ein kleiner Mitgliedstaat wie Luxemburg könne viele Aufgaben nur erheblich schlechter erfüllen als andere größere Mitgliedstaaten. Dann sei selbst nach dem Subsidiaritätsgrundsatz die EU zum Handeln berufen, nicht nur gegenüber Luxemburg, sondern gegenüber allen Mitgliedstaaten, weil sonst wieder der Gleichheitsgrundsatz verletzt sein könnte. Das läuft also auf die Umkehr der Subsidiarität in ihr glattes Gegenteil hinaus, und deshalb sollte man gerade dieser Nachricht aus Brüssel nicht allzu viel Vertrauen schenken.

Klar ist jedenfalls: Man wäre besser damit gefahren, jede einzelne Zuständigkeitszuweisung an die EU schon bei der Abfassung der Verträge streng am Subsidiaritätsgrundsatz zu messen, als sich mit seiner allgemeinen Niederlegung zu begnügen. Wenn sich an diesem Zustand nichts Wesentliches ändert, muss irgendwann einmal ein energisches präventives Handeln der Mitgliedstaatsregierungen in Erwägung gezogen werden. Darauf werden wir am Ende der vorliegenden Schrift noch einmal zurückkommen müssen.

Verordnung und Richtlinie

Die stillschweigende Erweiterung der EU-Kompetenzen hat übrigens auch vor dem Verhältnis zwischen Verordnung und Richtlinie, den beiden zentralen Formen der EU-Gesetzgebung, nicht haltgemacht.

Artikel 288 des Vertrags über die Arbeitsweise der Europäischen Union enthält darüber eine sehr eindeutige, dem Subsidiaritätsgrundsatz entsprechende Regelung:

> Die Verordnung hat allgemeine Geltung. Sie ist in allen ihren Teilen verbindlich und gilt unmittelbar in jedem Mitgliedstaat.
>
> Die Richtlinie ist für jeden Mitgliedstaat, an den sie gerichtet wird, hinsichtlich des zu erreichenden Ziels verbindlich, überlässt jedoch den innerstaatlichen Stellen die Wahl der Form und der Mittel.

Die Botschaft dieser beiden Bestimmungen ist klar und einfach: Verordnungen der EU dürfen eine Frage, für die der EU-Gesetzgeber zuständig ist, vollständig und in allen Einzelheiten regeln, wie wir das in den Mitgliedstaaten seit Jahrhunderten von den Gesetzen her gewöhnt sind. Normalfall sollte aber auch heute noch die *Richtlinie* sein, die sowohl auf die Gesetzgebungsrechte der Mitgliedstaaten als auch auf die zwischen diesen bestehenden geografischen, historischen und mentalen Unterschiede Rücksicht nehmen soll. Sie darf nur das *Ziel* angeben, das die Mitgliedstaaten in einer bestimmten Frage und binnen bestimmter Zeit erreichen müssen. Über die *Mittel* und *Methoden*, mit denen dieses Ziel erreicht werden soll, haben aber nach wie vor die Mitglieder selbst zu entscheiden.

Die Regelung des Gemeinschaftsvertrags ist, wie gesagt, ein Ausfluss des Subsidiaritätsgrundsatzes, und eine besonders weise dazu. Die Brüsseler Praxis ist aber ganz anders verlaufen. Zahlreiche Richtlinien sind, gewissermaßen unter der Hand, zu Vollgesetzen geworden, und da tröstet es auch wenig, dass es ihnen nur so ergangen ist wie in Deutschland den Rahmengesetzen des Bundes. Deren Anwendungsbereich war erheblich kleiner und weit weniger wichtig als der der Richtlinien nach dem Recht der EU. Immerhin hat man in Deutschland aus den jahrelangen Erfahrungen mit dem Bundesrahmengesetz die Konsequenz gezogen, diese Rechtsfigur ganz abzuschaffen. Hier ließ sich das auch ohne Weiteres machen, weil sie sich von vornherein nur auf wenige und überdies nicht besonders wichtige Belange bezogen hatte. Im Recht der EU ist die Richtlinie aber *der* zentrale Bestandteil der Gesetzgebung, auf den man schwerlich verzichten könnte. Hier bleibt nur eine einzige Lösung: die Rückkehr zur alten, immer noch gültigen Definition der Richtlinie.

Man muss sich bei dieser irgendwie selbstverständlichen Forderung allerdings mit einer misslichen Erfahrung aus der Praxis auseinandersetzen. Bei der Durchführung von Richtlinien sind manche Mitgliedstaaten, mitunter sogar Deutschland, schon bisher sehr säumig gewesen, und die Sanktionen der EU haben sich in solchen Fällen als ziemlich stumpfe Waffen erwiesen. Das ist ein Problem, das man weder leugnen noch als bedeutungslos abtun sollte. Aber das müsste auch nicht so bleiben: Wenn die Richtlinie wieder zu dem würde, als was sie ursprünglich gedacht war – und das ließe sich sogar ohne Vertragsänderung erreichen –, könnten die Mitgliedstaaten zum Ausgleich dafür den Brüsseler Organen in der Frage der Durchsetzung entgegenkommen, etwa dadurch, dass sie ihnen nach Ablauf einer Frist ein *Selbsteintrittsrecht* einräumten. Die EU könnte also in solchen Staaten, die eine Richtlinie partout nicht umsetzen wollen, selbst die nötigen Vollzugsvorschriften in Kraft setzen.

Ein Normenabbau ist unvermeidlich!

Die Normenmengen, die von Brüssel aus auf die Unionsbürger niedergehen, sind neben der Währungsfrage und den fehlenden außenpolitischen Kompetenzen ein entscheidender Grund für den Vertrauensverlust, den die EU und ihre Politik in letzter Zeit zu spüren bekommen. Es hat keinen Sinn, an dieser Feststellung lange herumzudiskutieren – sie ist unmittelbar und aus sich heraus verständlich. Und das Gegenmittel gegen diese bedenkliche Entwicklung ist selbstverständlich: Die Normenflut, die »aus Brüssel« kommt, muss so rasch wie möglich auf ein erträgliches Maß zurückgeführt werden. Daran ändert es nichts, dass es die Normenhypertrophie, die der EU vorgeworfen wird, auch in den meisten Mitgliedstaaten gibt – und zwar nicht erst seit deren Beitritt zur EU. Der Abbau der Normenberge ist eine europaweite Aufgabe – nicht nur, aber doch auch für die EU.

Unerheblich ist dabei, dass man vielen Vorschriften, die am Ende einer solchen Streichungspolitik ihr Leben lassen müssten, gar nicht unmittelbar Unvernünftigkeit oder Schädlichkeit im Einzelnen vorwerfen könnte. Irrational ist nämlich oft nicht die einzelne Bestimmung, sondern die *Menge als solche*. Wie bereits dargelegt: Eine Rechtsordnung, die niemand mehr – wenigstens in Umrissen – »im Kopf behalten kann«, ist als solche schon verderblich, weil sie nicht *funktionieren* kann.

Einer Vorschriftenmenge, die auf so irrationale Weise entstanden ist, kann man aber nicht mit letzter Rationalität begegnen, sondern man muss auch ihr gegenüber – zum Teil – irrational vorgehen. Es kann also nicht darum gehen, jede europäische Rechtsnorm einzeln auf ihren Sinn hin zu überprüfen, sondern es muss von der *Anzahl der Paragrafen* ausgegangen werden. Ich habe mehr als einmal öffentlich empfohlen, für ein paar Rechtsgebiete Kommissionen zu bilden, diese einige Jahre arbeiten zu lassen und ihnen für jedes Jahr eine *Zahl von Vorschriften* vorzugeben, die sie, mit welcher Begründung auch immer, außer Kraft zu setzen haben. Das mag auf den ersten Blick ziemlich irrational erscheinen. Aber die Normenmenge ist ja ebenso entstanden. Leider ist die Frage, ob es mittlerweile nicht ein Zuviel an Vorschriften gibt, in Brüssel bisher nie gestellt worden!

Um wenigstens einen Näherungswert für den Umfang eines Streichkonzerts zu geben, sei hier wenigstens eine »gegriffene« Zahl genannt: Es wäre schon viel erreicht, wenn der erwähnte *aquis communautaire* auf 35 000 bis 40 000 Druckseiten reduziert werden könnte. Und die halb dunklen Wege, mit denen sich die Brüsseler Bürokratie zusätzliche Kompetenzen verschafft hat, verdienen nur ein einziges Schicksal: Sie müssen verstopft werden!

Die innere Homogenität
der EU

Die Unzufriedenheit der Unionsbürger und mancher Mitgliedstaaten legt auch die Frage nach der inneren Homogenität der EU nahe. Damit ist nicht gemeint, dass in der EU-Verfassung das Verhältnis zwischen dem Europäischen Parlament, dem Rat der Staats- und Regierungschefs, dem Ministerrat und der Kommission allzu ungleichgewichtig ausgestattet sei, was im Laufe der Zeit selbstverständlich ebenfalls zu kritischen Anfragen und folglich zu einem Vertrauensverlust des Gesamtsystems führen könnte. Das Verhältnis zwischen den Führungsorganen der EU mag zwar in einzelnen Punkten nicht ganz ausgewogen sein, im Großen und Ganzen sind sie aber arbeits- und funktionsfähig – vielleicht mit Ausnahme der extrem hohen Mitgliederzahl der Kommission –, und von den kleinen korrekturbedürftigen Mängeln, die es da und dort geben mag, kann man annehmen, dass sie im Laufe der Zeit behoben werden.

Selbst ein Übergang zur parlamentarischen Demokratie ließe sich verfassungsrechtlich durch Drehen an einer einzigen Stellschraube erreichen. Gäbe man dem Europäischen Parlament, wie es etwa beim Deutschen Bundestag der Fall ist, das Recht, von sich aus ein Gesetzgebungsverfahren einzuleiten, so würde der Rat wahrscheinlich sehr rasch die Rolle des deutschen Bundesrats annehmen, das heißt, es würde sich ein Zweikammersystem entwickeln, wie es in vielen Mitgliedstaaten der EU bereits besteht. Rechtlich wäre das mit wenigen Federstrichen zu erreichen.

Wenn hier und im Folgenden von Homogenität gesprochen wird, ist jedoch etwas ganz anderes gemeint als die Beseitigung solcher verfassungsrechtlichen Ungleichgewichte. Die Homogenität, die hier gemeint ist, reicht weit über die geschriebenen Verfassungstexte der EU hinaus.

Homogenität und Handlungsfähigkeit

Wichtiger ist für das Funktionieren einer internationalen Institution, dass zwischen den in ihr vereinigten Staaten und Völkern ausreichende Übereinstimmung in den zentralen Fragen besteht – wobei es nicht nur auf den Grad der technischen Entwicklung und die wirtschaftlichen Interessen ankommt, sondern vor allem auf die politischen und ethischen Grundüberzeugungen und die oft tief eingewurzelten Rechts- und Verfassungstraditionen. Gibt es in solchen Fragen relevante Differenzen, so kann die Zusammenarbeit in der Institution gefährdet sein, weil dadurch die Bildung von Interessengruppen (Fraktionen) innerhalb der Gemeinschaftsorgane gefördert, die lebenswichtige Kompromissfindung erschwert und die Versuchung, sachlich nicht gerechtfertigte Abstimmungspakete zu bilden, verstärkt werden kann. Und wiederum gilt: Alle diese Risiken treten umso wahrscheinlicher auf, je mehr Mitglieder eine solche Gemeinschaft hat.

Die erfolgreiche Entwicklung der europäischen Gemeinschaften beruht unter anderem darauf, dass sich in ihnen anfänglich Staaten mit einem außerordentlich hohen Homogenitätsgrad zusammengeschlossen haben – Schwierigkeiten entstanden immer nur zeitweise und ließen sich zudem verhältnismäßig leicht aus der Welt schaffen. Dazu mag beigetragen haben, dass es die Möglichkeit einer gemeinsamen Politik noch in anderen Kreisen als dem der EU und ihrer Vorgängergemeinschaften gab. So stehen die Europäer in der Verteidigungspolitik in Kooperation mit der NATO, deren Mitgliederkreis größer ist als die EU selbst. Auf der anderen Seite vollzieht sich die europäische Währungspolitik (Euro) nur in einem Teil der EU-Staaten, also innerhalb der EU, und mit dem Schengener Abkommen verhält es sich genau so. Der eigentliche Grund dafür, dass die europäische Integration jahrzehntelang eine »Erfolgsgeschichte« wurde, lag aber doch in der großen Homogenität der Anfangsmitglieder.

Ein erstes Anzeichen dafür, dass sich in der Frage der Homogenität allmählich etwas ändern könnte, ergab sich daraus, dass nach dem Zusammenbruch des Ostblocks im Ostseeraum sehr intensive (und überdies erfreuliche) Formen der Zusammenarbeit zwischen den Ostseeanrainern entstanden. Dem sogenannten Ostseerat gehörten von Anfang an Mitglieder und Nichtmitglieder der EU an, vor allem auch Nichtmitglieder, deren Absicht, der EU beizutreten, mehr oder weniger klar war. Nahm man Mitglieder und Beitrittswillige zusammen, so wurde deutlich, dass im Verhältnis zur EU im Ostseeraum eine Art Unterorganisation mit territorialer Einschränkung entstehen konnte, was die EU vor völlig neue Fragen gestellt hätte, zumal damit auch das schon oft andiskutierte Problem einer ähnlichen Entwicklung im Mittelmeerraum wieder zur Sprache gekommen wäre. Für Deutschland, das einerseits Ostseeanrainer ist, andererseits aber auch massive Mittelmeerinteressen hat, hätten sich aus dieser Situation durchaus Probleme ergeben können. Doch sind diese bisher von keiner der beteiligten Seiten bis zur Entscheidung getrieben worden, so dass sich ihre weitere Erörterung hier erübrigt.

Unterschwellig stünden Homogenitätsfragen übrigens auch auf der Tagesordnung, wenn es eines Tages zur Entscheidung über den Beitrittsantrag der Türkei zur EU kommen sollte. Allerdings stehen diesem Antrag im Augenblick noch wesentliche Probleme aus dem wirtschaftlichen, verfassungsrechtlichen und vor allem justiziellen Bereich im Wege, so dass eine endgültige Entscheidung erst sehr viel später notwendig werden dürfte. Sollte es dazu kommen, so wäre aber noch ein Kernpunkt der Homogenitätsfrage zu klären: das Prinzip der Trennung von Staat und Religion, das in allen bisherigen Mitgliedstaaten der EU praktisch zum *ordre public* gehört. Die Rolle, die der Islam in der Türkei spielt, kann von der EU nur akzeptiert werden, wenn dort die Trennung von Staat und Religion genauso respektiert wird wie innerhalb der EU und wie es übrigens auch den Vorgaben des Staatsgründers Kemal Atatürk entspricht. (Außerdem müsste wohl glasklar geregelt werden, was zu geschehen hat, wenn sich die Türkei einmal – theoretisch oder praktisch – von diesem Grundsatz trennen sollte.)

Damit könnte dieses Kapitel abgeschlossen werden, wenn sich nicht in jüngster Zeit die Anzeichen mehren würden, dass sich innerhalb der EU *neue Grenzen* auftun, die auf die Dauer ebenfalls zu Fraktionsbildungen führen können. Die einen sind eine mittelbare Folge der jahrzehntelangen Spaltung Europas, die anderen waren zwar wohl immer vorhanden, beginnen sich aber eben erst infolge der weltweiten Finanz- und Währungskrise richtig bemerkbar zu machen.

Integrationsbereitschaft und Integrationsskepsis

Der Zustand, in dem sich die Welt zur Zeit befindet, macht es ziemlich wahrscheinlich, dass sich in absehbarer Zeit die Frage neuer, zusätzlicher Zuständigkeiten für die EU stellt. Die Regionalisierung wird eine selbstständige Außen- und vor allem Außenwirtschaftspolitik der EU immer notwendiger machen. Die Finanz- und Währungskrise wird sich nicht lösen lassen, ohne dass die Führungsorgane der EU wenigstens einen eng bemessenen Einfluss auf die Haushalts- und Kreditvolumina der Mitgliedstaaten erhalten. Dagegen dürfte es aber auch erhebliche Einwände geben. Die Außenpolitik gibt keine Regierung der Welt gern aus der Hand, die Mitsprache in Haushaltsfragen wird sich am hergebrachten Budgetrecht der Parlamente reiben, das insbesondere in Großbritannien sehr hoch gehalten wird, und schließlich wird auf Dauer kein Parlament Lust verspüren, seine eigenen Kompetenzen noch weiter zu beschränken und seine Wähler künftig noch mehr der Brüsseler Bürokratie auszusetzen. Seit dem Zusammenbruch des Ostblocks ist außerdem eine weitere Hemmschwelle dazugekommen: die Aufnahme der ostmitteleuropäischen und einiger osteuropäischer Staaten in die EU.

Hier dürfen keine Irrtümer entstehen: Die positiven Folgen dieser Entwicklung sind unbestreitbar und sollen auch hier nicht infrage gestellt werden: die Rückkehr dieser Staaten ins alte Europa, das ja nie an der Elbe geendet hatte, vor allem aber der Ausgleich jener historischen Ungerechtigkeit, die 1945 einen Teil der europäischen Völker in ein Reich der Freiheit und Prosperität, den anderen aber in ein Reich der Unfreiheit und Verarmung verwiesen hatte.

Einen Nachteil gab es freilich auch, und dieser wirkt sich gerade auf die Chancen einer weiteren europäischen Integration aus. Bisher hatte es nämlich einen Erfahrungssatz gegeben, nach welchem jede räumliche Erweiterung der Union durch eine Vertiefung des Integrationsstandes ergänzt werden musste, schon weil die Brüsseler Entscheidungsfindung bekanntlich durch jede Erweiterung des Mitgliederkreises erschwert wird. Auf die Erweiterung von fünfzehn auf achtundzwanzig Staaten ist eine solche Vertiefung nicht erfolgt. Das kann dazu führen, dass unter dieser Erfahrung auch die soeben skizzierten weiteren Integrationsschritte zu leiden haben werden.

Die Aufnahme in die EU bedeutet für neue Mitglieder stets auch den Verzicht auf Kompetenzen, und für die Vertiefung des Integrationsgrades gilt naturgemäß das Gleiche. Den west-, nord- und südeuropäischen Mitgliedern der EU hat dieser Automatismus seit jeher eingeleuchtet; zumindest nahmen sie ihn leichter hin, als ihnen der Verzicht auf die handgreiflichen Vorteile der EU-Mitgliedschaft gefallen wäre. Bei den erst vor kurzer Zeit frei gewordenen Staaten Osteuropas und des östlichen Mitteleuropa ist das aber anders. Sie haben ihre »Souveränität« ein halbes Jahrhundert lang bitter vermisst und sollen jetzt, wo sie sie endlich und oft unter großen Opfern wieder erkämpft haben, immer größere Teile davon in Brüssel abgeben. Man muss Verständnis dafür haben, dass ihnen das nicht leichtfällt.

Viele ihrer Politiker versuchen deshalb, die Souveränitätsverzichte, die durch eine weitere Vertiefung der Integration auf sie zukommen könnten, von vornherein so weit wie möglich auszubremsen. Der häufig erhobene Vorwurf, dass manchen von ihnen eine bloße Freihandelszone – freilich versüßt durch kräftige Subventionsansprüche – am liebsten wäre, ist in den meisten Fällen zwar eine böswillige Übertreibung – ganz abwegig ist er gewiss nicht. Man kann es aber nicht oft genug wiederholen: Aufgrund der Geschichte, die diese Völker fast fünf Jahrzehnte zu erdulden hatten, muss man für ihre Reaktion auf die von ihnen erforderten Souveränitätseinbußen Verständnis aufbringen.

Durch Europa zieht sich also eine ganz neue, erst allmählich erkennbare Grenze, die weiteren Integrationsschritten, vor allem im außenpolitischen Bereich, entgegenstehen wird. Das ist eine neue und überdies unerwartete Situation. Selbst wenn man es – wie soeben ausgeführt – für absolut legitim hält, dass die neuen Mitglieder zusätzliche Integrationsschritte nicht wünschen, wird man sich aber doch die Frage stellen dürfen, ob es denn auch legitim ist, dass sie ihrerseits die älteren Mitgliedstaaten, die über ganz andere Erfahrungen verfügen als sie, an weiteren Integrationsschritten hindern können. Dass diese Problematik nach den gegenwärtig gültigen Gemeinschaftsverträgen nicht lösbar ist, bedarf keiner näheren Ausführungen. Trotzdem erhebt sich die Frage, ob es nicht von Anfang an besser gewesen wäre, die Integration Europas auf den verschiedenen Politikfeldern auch auf verschiedenen Organisationsebenen in Angriff zu nehmen.

Hätte man das, was wir heute wissen, schon in den Gründungsjahren 1952 und 1957 gewusst, so wäre es durchaus möglich gewesen, eine einheitliche Wirtschaftsgemeinschaft zu schaffen, neben der man – beispielsweise – eine gemeinsame Außenpolitik in einer eigenen Institution hätte zuwege bringen können. Die Mitgliederkreise hätten sich zwar mit Sicherheit überschnitten, identisch hätten sie aber auch nicht sein müssen. Dieser Weg ist damals nicht eingeschlagen worden. Das kann man zwar niemandem vorwerfen, da niemand die seitherige Entwicklung voraussehen konnte. Dennoch kann man heute beklagen, dass es nicht geschah. Eine starke, für sich allein bestehende Wirtschaftsgemeinschaft hätte sogar viele Probleme verhindern können: Sie hätte beispielsweise den Beitritt der Türkei erleichtert, weil es dann nicht auch noch um die Trennung von Staat und Religion gegangen wäre. Sie hätte dem unterschiedlichen Entwicklungsstand neuer Mitglieder besser Rechnung tragen können und, vor allem, sie hätte auch nicht so tun müssen, als ob Innovationskraft und Innovationswille auf alle Völker Europas gleich verteilt wären.

Genau genommen haben wir es hier mit einer weiteren Folge davon zu tun, dass man bei der Gründung der drei Gemeinschaften, zumindest aber bei ihrer weiteren Ausgestaltung, ausschließlich das Bild eines europäischen Superstaates vor Augen hatte, dass man aber die Möglichkeit anderer Arten von Staatenverbindungen überhaupt nicht in Erwägung zog.

Die bisherige Entwicklung zeigt jedoch auch, dass man Europa zwar so konstruieren *konnte*, dass man es aber nicht so konstruieren *musste*. Man hätte genauso gut an ein Europa denken können, das auf zwei Ebenen tätig geworden wäre: auf der Ebene einer Wirtschaftsgemeinschaft, der zumindest tendenziell alle europäischen Staaten, ja sogar vorderasiatische Staaten wie Georgien oder Armenien hätten angehören können, und zusätzlich auf einer Ebene der »europäischen Weltpolitik«. Letzterer könnten zwar manche Mitglieder der Wirtschaftsgemeinschaft nicht angehören, von ihr aus könnte

Europa aber seine Stimme innerhalb der entstehenden Machtblöckestruktur der Welt erheben und vor allem auch seine Interessen verfechten.

Die EU wäre nach der »Flurbereinigung«, die wir damit in Betracht ziehen, entschieden stärker als heute, sie hätte wirklich gewichtige Aufgaben und müsste sich nicht permanent dem Verdacht aussetzen, sie suche durch Unmengen neuer Vorschriften auf allen möglichen Tätigkeitsfeldern Ersatzbefriedigung. Aber diese sogenannte Flurbereinigung hat natürlich einen großen Haken: Sie wäre ohne eine prinzipielle Revision der bestehenden Gemeinschaftsverträge nicht möglich. Diese aber verlangt die Unterschrift aller Mitgliedstaatsregierungen und dazu noch die vorhergehende Ratifikation durch sämtliche Gliedstaatsparlamente – sie wäre also sehr schwer zu erreichen. Die Folgen dieses Sachverhalts werden wir im folgenden Kapitel näher überdenken müssen.

Innovationskraft und Innovationsbereitschaft

Die Grenzlinie, die nach den vorstehenden Ausführungen integrationsfreundlichere und weniger integrationsfreundliche Mitgliedstaaten der EU voneinander trennt, beruht immerhin noch auf klar benennbaren politisch-historischen Tatsachen, weswegen ihr geografischer Verlauf auch klar definiert ist. In letzter Zeit entsteht aber der Eindruck, dass sich eine weitere Integrationsgrenze durch das Unionsterritorium zieht, die ungleich schwerer festzustellen ist, auf die Dauer jedoch eine der fundamentalen Hoffnungen der Integrationsväter infrage stellen kann.

In dem Moment, in dem die ursprünglichen Gemeinschaften der sechs Gründungsmitglieder erweitert wurden, mussten die Verantwortlichen der Tatsache ins Auge sehen, dass nicht alle neu beitretenden Staaten technisch und wirtschaftlich auf dem gleichen Entwicklungsstand waren wie die Sechs. Staaten wie Irland, Spanien, Portugal und Griechenland standen in dieser Beziehung den Ostblockstaaten näher als den Anfangsmitgliedern, wurden aus gesamteuropäischem Verantwortungsgefühl aber gleichwohl aufgenommen in der Hoffnung, sie könnten durch die Früchte einer dauernden Kooperation und selbstverständlich auch durch großzügige Hilfsprogramme allmählich auf den gleichen Stand gebracht werden wie die Gründungsmitglieder.

Die Erfahrungen der letzten Jahre haben an der Richtigkeit dieser Erwartung ernste Zweifel aufkommen lassen. Sind wirklich alle betroffenen Völker bereit, notwendige Sparmaßnahmen hinzunehmen? Haben sie das Potenzial, mögliche und für den Fortschritt nötige Innovationen durchzuführen? Sind sie von deren Notwendigkeit überhaupt zu überzeugen, und sind sie bereit, die dafür unerlässlichen Mühen auf sich zu nehmen? Immerhin sehen wir EU-Mitglieder, die lieber Finanzzahlen manipuliert als Reform- und Sparpläne vollzogen haben, und Regierungen, die ihr Land einem Brüsseler *Oktroi* unterstellten, weil sie solche Pläne bei ihren Wählern beziehungsweise Parlamenten nicht selbst »durchbrachten«!

Die hier aufgeworfenen Fragen sind also durchaus berechtigt; diesbezüglich berufe ich mich auch auf eine Arbeit des früheren Finanzministers von Sachsen-Anhalt, Professor Karl-Heinz Paqué (F.A.Z. vom 1. 4. 2011). Wenn seine Thesen richtig sind, bei bestimmten EU-Mitgliedern also keinerlei

Aussicht auf ein Ende ihrer Hilfsbedürftigkeit besteht, tut sich nicht nur eine neue Grenze innerhalb des heutigen Gemeinschaftsgebiets auf, sondern es steht die Richtigkeit eines zentralen Teils der gemeinschaftlichen Ziele und Aufgaben auf dem Spiel.

Strengere Aufnahmebedingungen

Denkt man das alles zu Ende, so drängt sich die Frage auf, ob die bisherigen Erweiterungen der EU sämtlich den Regeln einer vertretbaren Integrationspolitik entsprochen haben. Natürlich sind zu allen Zeiten wirtschaftsstärkere und wirtschaftsschwächere Staaten in die EU aufgenommen worden. Bei den schwächeren war das aber immer mit der realistischen Hoffnung verbunden, sie würden durch die Vorteile der EU-Mitgliedschaft, nicht zuletzt auch durch Zuschüsse aus den verschiedenen EU-Fonds, binnen einer überschaubaren Frist auf eigenen Beinen stehen und vor allem nicht auf Dauer von Zuschüssen und Beihilfen »aus Brüssel« abhängig bleiben. Das hat sich mittlerweile geändert. Heute wird schon offen darüber diskutiert, ob es nicht EU-Mitglieder gibt, bei denen diese Hoffnung gar nicht in Erfüllung gehen *kann*.

Offenbar ist hier in der Aufnahmepolitik der EU weder sauber genug gehandelt, geschweige denn gedacht worden. Vor allem hat es Fälle gegeben, in denen wirtschaftliche Contra-Argumente mit politischen Pro-Argumenten vom Tisch gewischt wurden. Politische und ökonomische Argumente können einander aber nicht *ersetzen*, sondern sie stehen auf ganz verschiedenen Ebenen und müssen *neben-*

einander bejaht werden können, damit die Aufnahme eines beitrittswilligen Staates infrage kommt. Zuerst ist zu prüfen, ob ein Beitrittskandidat imstande ist, binnen angemessener Zeit auf eigenen Beinen zu stehen, und dann muss noch dazukommen, dass er auch zu den politischen Grundüberzeugungen Europas steht. Bei der Türkei ist möglicherweise das Letztere zu hinterfragen (Stichwort: Trennung von Staat und Religion), bei Griechenland fehlte es am Ersteren, und daran hätte es auch nichts ändern dürfen, dass es, wie damals aus Brüssel zu hören war, die Wiege der Demokratie ist – was man übrigens mit guten Argumenten bezweifeln kann.

Die Aufnahmepolitik der EU bedarf also, zumindest was die Praxis betrifft, einer gründlichen Überprüfung. Europa überlebt nicht, wenn es möglichst *groß* wird, sondern wenn es möglichst *stark* wird, und das setzt sowohl politische Homogenität des Mitgliederkreises als auch ein realistisches Maß an wirtschaftlicher Lebensfähigkeit bei allen seinen Mitgliedern voraus.

»Sequestrierte« Mitgliedstaaten

Die Zuschüsse, Kredite und Bürgschaften, die die EU in letzter Zeit besonders hoch verschuldeten Mitgliedstaaten gewährt hat, sind zu Recht mit strengen Auflagen verbunden worden, die von ihren Empfängern einschneidende Sanierungs- und vor allem Sparmaßnahmen verlangen. Wenn man zudem berücksichtigt, wie schwer sich die betroffenen Regierungen mit der Einhaltung solcher Auflagen tun und welche Tricks sie dabei anwenden müssen, kann man bedenkenlos vorhersagen, dass die Auflagen sich in absehbarer Zukunft eher verdichten als lockern werden. Damit wandelt sich das Bild der EU erneut, zumal auf beiden Seiten immer wieder die gleichen Staaten stehen werden. Es wird auf die Dauer also nicht nur »gebende« und »nehmende« Mitgliedstaaten geben, sondern auch Mitgliedstaaten, die für geraume Zeit unter einer Art *Gemeinschaftskuratel* stehen, was sich von der Staatskuratel oder Sequestrierung überschuldeter Gemeinden, die in den meisten europäischen Kommunalordnungen vorgesehen ist, kaum unterscheiden dürfte. Anders ausgedrückt: Es droht die Gefahr, dass sich die Brüsseler Leitungsorgane, ob gewollt oder ungewollt, allmählich ein eigenes *Protektoratsgebiet* schaffen, allerdings nicht, wie bei den bisher bekannten Protektoraten üblich, außerhalb ihres eigenen Territoriums, sondern innerhalb desselben. Man ist versucht, sich an die Stellung der Reichslande Elsass-Lothringen im Bismarck'schen Kaiserreich zu erinnern. Die Besonderheit solcher EU-Protektorate wäre auch nicht zu unterschätzen: Innerhalb der EU säßen Gläubiger und Schuldner weiterhin an einem Tisch, die Schuldner sprächen infolgedessen in allen ihren eigenen Fall nicht betreffenden Gemeinschaftsangelegenheiten mit, schließlich könnten sie Fraktionen bilden und ihre Stimmabgabe auch in Angelegenheiten der Gesamtheit von deren »Wohlverhalten« – das heißt: Zahlungsbereitschaft – in ihrer eigenen Sache abhängig machen. Eine Büchse der Pandora!

Finanzausgleich nach deutschem Muster?

Das zuletzt behandelte Problem tritt übrigens auch beim sogenannten *nervus rerum* auf. Hier wird in der Öffentlichkeit eine völlig neue Finanzverfassung der EU gefordert, was durchaus in Betracht gezogen werden könnte. Nicht folgen sollte man aber jenen Stimmen, die der EU die Übernahme des deutschen Finanzausgleichs, vor allem des deutschen Länderfinanzausgleichs, empfehlen. Man kann es drehen und wenden, wie man will – so würde schlichtweg der Bock zum Gärtner gemacht.

Natürlich müssen die finanzschwächeren Mitgliedstaaten der EU von den finanzstärkeren wenigstens zu einem Teil gestützt werden, gleichgültig ob sich das in reduzierten Leistungen an die Unionskasse, in überdurchschnittlichen Leistungen aus der Unionskasse oder in einer Mischung aus beidem äußert. Aber das alles muss nach Regeln erfolgen, die auch den gebenden Mitgliedstaaten und ihren Bürgern halbwegs einleuchten können, die also einem Mindestmaß an *common sense* Rechnung tragen, und genau das lässt sich heute vom deutschen Länderfinanzausgleich nicht mehr guten Gewissens behaupten.

Die Bundesrepublik Deutschland hat seit 1990 insgesamt sechzehn Bundesländer. Fragt man sich, wie viele von ihnen im Finanzausgleich »gebend« und wie viele »nehmend« sein sollen, so liegt es also nahe, von einem Verhältnis acht zu acht, vielleicht auch noch sieben zu neun auszugehen; das wäre zumindest auf den ersten Blick gerecht und wäre einigermaßen nachvollziehbar. Das tatsächliche Verhältnis zwischen drei gebenden und dreizehn nehmenden Ländern jedoch leuchtet niemandem ein, der auch nur die vier Grundrechnungsarten beherrscht – es ist ganz einfach höherer Irrsinn. Nicht einmal der Umstand, dass die Länder, die 1990 bereits »nehmend« waren, diese Eigenschaft im Zuge der Wiedervereinigung behalten durften und durch die neu beitretenden Länder einfach vermehrt wurden, kann daran etwas Grundlegendes ändern. Denn im Prinzip waren die Dinge schon lange vor der Wiedervereinigung verfahren.

Man muss sich die Sache auf der Zunge zergehen lassen: Vor 1990 wurde der Finanzausgleich zwischen Bund und Ländern ausgehandelt, und zwar in Verhandlungen zwischen dem Bundesminister der Finanzen und einer aus vier Ministerpräsidenten bestehenden Verhandlungskommission der Länder. Die Verteilung der Mittel wurde zunächst in einer Reihe allgemeingültiger Paragrafen festgelegt. Am Ende des Finanzausgleichsgesetzes wurden dann aber an einzelne Länder noch Sonderzuweisungen ausgeworfen, ohne die es im Bundesrat möglicherweise nicht die notwendige Zustimmungsmehrheit gegeben hätte. Jetzt kommt aber der Clou des Ganzen: Diese Länder führten im Bundesrat jahrzehntelang genau 21 Stimmen, was bei den damaligen Verhältnissen die denkbar knappste Bundesratsmehrheit war – der Bundesrat umfasste vor 1990 nämlich nur 41 entscheidungsberechtigte Stimmen. Mit anderen Worten: Der Länderfinanzausgleich kam vor 1990 dadurch zustande, dass der Bundesfinanzminister, gleich welcher Partei er angehörte, die Mehrheit im Bundesrat zusammenkaufte. Man kann sich vorstellen, wie dieses Verfahren in der EU aussähe, bei vielleicht fünf gebenden und dreiundzwanzig nehmenden Mitgliedern.

Von hier aus stößt man ziemlich folgerichtig zu einem zweiten, fast unlösbaren Problem vor: Die eigentliche Schwierigkeit eines Finanzausgleichs vom deutschen Typ besteht darin, dass die Unterscheidung von »gebenden« beziehungsweise »reichen« und »nehmenden« oder »armen« Bundesländern von vornherein falsch angelegt ist. Es wird eine Art Durchschnittswert der Finanzkraft von Ländern gebildet und sodann entschieden, wie groß die Abweichung des einzelnen Landes von diesem Wert sein darf, ehe sie Zahlungsverpflichtungen oder Leistungsansprüche begründet. In Deutschland wird gerade über diese Frage immer wieder vor dem Bundesverfassungsgericht gestritten, und das, ohne dass es bisher zu wirklich überzeugenden Lösungen gekommen wäre. In der EU wäre wohl schon dieser Weg verschlossen, weil zumindest die eine Staatenseite von vornherein kein Vertrauen in die Neutralität des Europäischen Gerichtshofs hätte. Aber die Bedenken gehen weiter: Wer in der Union finanzstark beziehungsweise finanzschwach ist, kann auch nicht durch eine Mehrheitsentscheidung im Rat oder im Parlament festgelegt werden, weil es dann von einem *manipulierbaren* Durchschnittswert abhinge, ob die »armen« oder die »reichen« Mitgliedstaaten die Mehrheit bilden, und davor kann man nur warnen. Akzeptabel wäre ein solches Verfahren höchstens, wenn in dieser Frage beide Gruppen über den gleichen Einfluss auf die Entscheidung verfügten.

Homogenität in der Haushaltspolitik

Ein Sachgebiet, das in der Schuldenkrise förmlich nach Homogenität, ja nach Homogenisierung schreit, ist die Haushaltspolitik der EU-Mitgliedstaaten, deren Vereinheitlichung allerdings auf schwerwiegende verfassungsrechtliche Bedenken stoßen wird. Immerhin ist die Verfügung über den eigenen Haushalt seit Jahrhunderten der wesentliche Bestandteil der staatlichen Eigenständigkeit. Darauf hat erst jüngst das Bundesverfassungsgericht in aller Deutlichkeit hingewiesen, und auf die Bedeutung, die das Budgetrecht des englischen Unterhauses seit jeher besitzt, braucht man hier gar nicht einzugehen. Zu allem Überfluss melden sich in der europäischen Diskussion gänzlich neue, wenn auch eingebildete »Fachausdrücke«, die solche Diskussionen vollends in die Irre führen. Plötzlich ist von einem europäischen »Finanzminister« und gar von einer europäischen »Wirtschaftsregierung« die Rede – und niemand erhebt mehr den Protest, den es dagegen noch vor kurzer Zeit mit der Sicherheit einer chemischen Reaktion gegeben hätte. Auch nach dem Königsrecht der Parlamente, ja der demokratischen Staaten, dem Budgetrecht, kräht derzeit kein Hahn mehr. Da ist es gut, dass wenigstens *ein* führendes Gericht und der Gedanke an die jahrhundertealte britische Tradition zum Nachdenken zwingen. So besteht wenigstens eine gewisse Hoffnung, dass diese Reform nicht wieder den Weg früherer geht, dass, um es drastisch zu sagen, wenigstens diesmal das Kind nicht mit dem Bade ausgeschüttet wird.

Die Krise, in der wir uns befinden, verlangt nämlich kein den herkömmlichen Verfassungen entsprechendes Budgetrecht mit Einzelplänen, Kapiteln und Titeln, und schon gar nicht konkrete Zahlenangaben zu den einzelnen Titeln. Nach den jetzigen Erfahrungen kommt es nur auf zweierlei an:

– auf einige Richtzahlen, die für alle Mitgliedstaaten verbindlich festgelegt werden müssten – wie Ober- und Untergrenze der sogenannten Staatsquote, Obergrenze der Staatsverschuldung, Obergrenze des Personalbudgets, Mindestgrenze der Staatsinvestitionen – und außerdem
– auf einen strikten Kontrollmechanismus, der nicht auf Ratsentscheidungen im Einzelfall und auf die damit verbundenen politischen Rücksichtnahmen angewiesen ist, sondern sich entweder automatisch in Bewegung setzt oder zumindest durch eine unabhängige Instanz in Bewegung gesetzt wird. Die Sanktionen, die in diesem Verfahren ausgeworfen werden, bedürfen allerdings noch genauerer Überlegung. Geldstrafen, wie sie bisher ausgesprochen werden, dürften nicht viel Sinn haben, weil der betroffene Staat durch sie nur noch tiefer in die finanzielle Klemme gerät, die der Grund für das ganze Verfahren ist. Zu erwägen wäre aber die zeitweilige Suspension von Mitgliedsrechten, vor allem von Stimmrechten.

Unterschiedliche
Geschwindigkeiten der
Integration

Im vorangehenden Kapitel ist eine Frage – bewusst – nicht zu Ende abgehandelt worden. Dort wurde die Meinung vertreten, es wäre vermutlich besser gewesen, wenn es zu Beginn der europäischen Integration zwei »Ebenen« mit jeweils einer eigenen Gemeinschaft gegeben hätte. Diese »Ebenen« hätten sich, wie dargelegt wurde, zum einen auf die Wirtschaft, zum anderen aber auf die »hohe Politik« bezogen. Die Gründe, warum das seinerzeit nicht geschehen ist, müssen heute nicht mehr detailliert erörtert werden, es ist aber offenkundig, dass die meisten Gliedstaatsregierungen damals keine Lust verspürten, ebendiese »hohe Politik« aus der Hand zu geben. In den weiteren bisherigen Ausführungen ist zudem deutlich geworden, dass sich die Dinge in dieser Frage bis heute nicht geändert haben und dass die Zahl der widerstrebenden Staaten durch die Aufnahmeschübe seit 1995 in Wirklichkeit noch zugenommen hat. Trotzdem bleibt eine entscheidende Frage offen: Wieso kann jeder einzelne Mitgliedstaat im Verfahren der Vertragsänderung, die hier Abhilfe schaffen würde, ein Veto gegen die dann anstehende Umstrukturierung der EU einlegen, während die anderen Mitgliedstaaten, die diese Umstrukturierung befürworten, nicht das Recht erhalten, den für nötig gehaltenen Weg wenigstens mit gesinnungsgleichen Mitgliedstaaten zu beschreiten?

Verschiedene Ebenen – verschiedene Geschwindigkeiten

Diese Frage reicht weit in das Problem der Gleichbehandlung aller Mitgliedstaaten hinein. Sie bietet nur eine Schwierigkeit: Die Idee, Europa auf mehreren »Ebenen« mit verschiedenen Mitgliedergruppen zu organisieren, würde das so oft besprochene »Europa der unterschiedlichen Geschwindigkeiten« bedeuten. Aber damit sticht unsere Untersuchung in eine Art Wespennest. Warum, weiß niemand, aber es scheint unter den Fachleuten eine tief verwurzelte Überzeugung der Art zu bestehen, dass man europäischen Organisationen nur ganz oder gar nicht angehören kann und, vor allem, dass alles andere ein Werk des Teufels ist. Man mag mir in dieser Sache hartnäckiges Beharren vorwerfen – doch meines Erachtens handelt es sich hier, wie bereits ausgeführt, um eine ebenso schädliche wie mehrheitlich unbewusste Folge des Leitbildes »Staat«, das sich schon frühzeitig der europäischen Integration bemächtigt hat: Unterschiedliche Mitgliedschaften und ebensolche Geschwindigkeiten kann es in demokratischen *Staaten* tatsächlich nicht geben. Bei »transnationalen« Gemeinschaften hingegen sind Türen für politische Fantasie offen, und es ist zumindest schwer zu verstehen, dass niemand durch sie hindurchgehen will.

Übrigens übersehen die Gegner eines »Europa der unterschiedlichen Geschwindigkeiten« geflissentlich, dass die gesamte EU nach diesem Prinzip entstanden ist. Der Mitgliederkreis von 1952/57 erstreckte sich schließlich nicht auf alle achtundzwanzig Staaten, die ihm heute angehören. Die berühmten sechs Gründungsmitglieder sind den zweiundzwanzig anderen einfach vorausgegangen und haben sie genau zu der Zeit und in dem Umfang aufgenommen, in dem diese zum Beitritt reif und vor allem auch bereit waren. Es bleibt das Geheimnis der Skeptiker, warum das heute anders sein soll – und vor allem auch, von welchem Zeitpunkt an die EU von der einen zur anderen Linie übergegangen sein soll. Mit den so oft bemühten Solidaritäts- und Gerechtigkeitsüberlegungen kann das übrigens nichts zu tun haben, jedenfalls nicht, soweit es sich dabei um *wirtschaftliche* Solidarität beziehungsweise Gerechtigkeit handelt. In der Tat wäre es wenig überzeugend, wenn europäische Staaten von den Chancen und Vorzügen des Wirtschaftssystems der EU willkürlich ausgeschlossen würden. Aber das wäre bei der Abschichtung einer Wirtschaftsgemeinschaft, wie sie hier ventiliert wird, ja gerade nicht der Fall. Im Gegenteil: Trennende Elemente aus dem verfassungspolitischen beziehungsweise religiös-weltanschaulichen Bereich könnten in diesem Fall aus Beitrittsentscheidungen erheblich besser herausgehalten werden als im herkömmlichen System. Jedes hinreichend entwickelte Nichtmitglied der EU könnte der wirtschaftlichen Ebene beitreten, der politischen aber fernbleiben. Nur das eine könnte es nicht mehr: die anderen Mitglieder an weiteren Integrationsschritten hindern, und dieses Recht darf, wenn man gerecht denkt, auch keinem beitretenden Staat zugestanden werden.

Verstärkte Zusammenarbeit innerhalb der EU

Um eine solche Lösung zu ermöglichen, ist in den Gemeinschaftsverträgen – neben der kaum durchführbaren Vertragsänderung selbst – ein Weg eröffnet, auf dem sich einzelne

Mitgliedstaaten innerhalb der EU und ohne Vertragsänderung zu »Verstärkter Zusammenarbeit« zusammenschließen können.

Diese »Verstärkte Zusammenarbeit«, die auch schon in älteren Gemeinschaftstexten vorgesehen war, ist heute in den entscheidenden Punkten zwar nicht im Vertrag über die Europäische Union (im sogenannten Lissabon-Vertrag, ursprünglich auch EU-Grundlagenvertrag) geregelt, wohl aber in den Artikeln 326 bis 334 des gleichzeitig geschlossenen Vertrags über die Arbeitsweise der Europäischen Union. Aus der sehr detaillierten Regelung sind hier zwei Vorschriften besonders interessant:

Artikel 329 Absatz 1
Die Ermächtigung zur Einleitung einer Verstärkten Zusammenarbeit ... wird vom Rat auf Vorschlag der Kommission und nach Zustimmung des Europäischen Parlaments erteilt.

Artikel 329 Absatz 2
Die Ermächtigung zur Einleitung einer Verstärkten Zusammenarbeit wird mit einem Beschluss des Rates erteilt, der einstimmig beschließt.

Damit steht zunächst einmal fest, dass es keine »Verstärkte Zusammenarbeit« gibt, wenn sich nicht alle Führungsorgane der EU – Rat, Parlament und Kommission – dafür ausgesprochen haben. Im Klartext bedeutet das aber, dass jeder einzelne Mitgliedstaat die Zusammenarbeit *anderer* durch ein Veto verhindern kann. Am unabhängigsten dürfte dabei noch die

Kommission sein, die grundsätzlich mit Mehrheit entscheidet. Im Europäischen Parlament, das selbstverständlich auch mit Mehrheit beschließt, können die Abgeordneten eines einzelnen Staates bei knappen Mehrheiten immerhin einmal das Zünglein an der Waage spielen. Der Rat aber, der die eigentliche Entscheidung trifft, bedarf dazu eines *einstimmigen Beschlusses*, und das bedeutet, dass jede Mitgliedstaatsregierung die Verstärkte Zusammenarbeit anderer (!) durch Veto zunichte machen kann. Es ist, wie bereits ausgeführt, eine Selbstverständlichkeit, dass die älteren Mitgliedstaaten das geringe Interesse der erst vor kurzer Zeit frei gewordenen Staaten Ost- und Ostmitteleuropas an weiteren »Souveränitätsverzichten« respektieren. Nicht einzusehen ist jedoch, dass diese auch noch das Recht haben sollen, andere, integrationsbereite Staaten an der Verwirklichung ihrer eigenen Absichten zu hindern.

Allerdings ist nach gegenwärtiger Rechtslage auch zur Behebung dieses Problems eine Vertragsänderung notwendig; über eine Verstärkte Zusammenarbeit ist unser Problem also, zumindest im Konfliktsfall, auch nicht zu lösen. Ein schwerwiegender Konstruktionsfehler des Vertrags von Lissabon!

Allerdings lehrt die Geschichte in solchen Fragen oft mehr als die ausgefeilteste Jurisprudenz. Wenn eine solche Lösung nicht durch Vertragsanpassung oder gegenseitige Toleranz zustande kommt, wird sich auf anderen Wegen – auf welchen auch immer – immer noch eine befriedigende Lösung finden lassen. Das ist wie bei einem Bergbach: Man kann ihn noch so sehr verbauen und kanalisieren – seinen Weg nach unten findet das Wasser immer. Die Art, in der während der Euro-Krise alle Euro-Staaten bestimmte Lösungen um Großbritannien »herumgebaut« haben, könnte ein erstes Beispiel dafür sein, und genau genommen war es auch bei der Beschlussfassung über die Europäische Grundrechte-Charta so. Hier wurden Vorbehalte Großbritanniens und Polens sang- und klanglos zur Kenntnis genommen, aber man hätte auch sagen können, die anderen Mitgliedstaaten der EU hätten die Charta um die beiden dissentierenden Staaten »herumgebaut«.

In Fragen dieser Art, in denen vieles auch von unvorhersehbaren Entwicklungen abhängt, soll man nicht dramatisieren. Aber die Probleme, von denen hier die Rede ist, bestehen nun einmal, und Europa sollte es nicht wieder einmal darauf ankommen lassen, »dass schon nichts passieren wird«. Die Welt beginnt sich in immer größeren Blöcken zu organisieren, die den europäischen Völkern technisch wie wirtschaftlich eine immer härtere Konkurrenz machen und die vor allem auch ihre eigenen politisch-ethischen Überzeugungen weltweit propagieren werden. In dieser Lage kommt es darauf an, die Kräfte Europas zu konzentrieren und so zu organisieren, dass den notwendigen Entscheidungen, die schwer genug sein werden, nicht auch noch unnötige Probleme im Weg stehen.

In dieser Beziehung unterscheidet sich die heutige Lage sehr von der, der man 1952/57 mit der Gründung der Montanunion und der Europäischen Wirtschaftsgemeinschaft begegnen wollte. Haben wir Europäer vielleicht zu wenig zur Kenntnis genommen, wie sich die politische *Umwelt* des integrierten Europa seitdem verändert hat und wie sich auch ihre eigenen Zwecke dadurch gewandelt haben? Andere Ziele und Herausforderungen verlangen meist aber auch neue Verfassungsprinzipien. Warum zögern wir, solche Prinzipien zu schaffen und die EU danach umzuformen?

Wenn nicht alles trügt, wird das Thema »Verstärkte Zusammenarbeit« für Gesicht und Leistung der EU in der absehbaren Zukunft entscheidende Bedeutung bekommen. Immerhin geht es dabei um die Beweglichkeit und Reaktionsfähigkeit eines ganzen Erdteils.

Die Verantwortung
der Gliedstaatsregierungen

Die meisten der hier aufgestellten Forderungen sind zwangs-läufig an die EU als Ganzes und an ihre verantwortlichen Or-gane gerichtet. Doch sind die Parlamente und Regierungen der Mitgliedstaaten damit nicht aus der Verantwortung entlassen. Wo Änderungen der Gemeinschaftsverträge not-wendig wären, versteht sich das von selbst, weil solche Ände-rungen nur durch die Parlamente und Regierungen der Glied-staaten vorgenommen werden können. Das gilt besonders dann, wenn – wie in Fragen der Budget- und der Außenpoli-tik – die Änderungen zu weiteren Machtabtretungen der Gliedstaaten an die Union führen sollen. Verantwortlichkei-ten der Gliedstaatsregierungen bestehen aber auch dort, wo die Organe der EU ihrerseits ihre Aufgaben- und Befugnisbe-reiche illegal oder zumindest »halb legal« zu erweitern versu-chen. Dann verlangt das EU-Recht nämlich den Widerstand der Mitgliedstaaten gegen solche Übergriffe.

Ein zumindest nach deutscher Ansicht besonders brisan-tes Beispiel für eine solche Verantwortlichkeit wurde in dieser Schrift bereits im Zusammenhang mit dem Grundsatz der Subsidiarität erwähnt, aber noch nicht zu Ende geführt. Dieser ist an mehreren Stellen der Gemeinschaftsverträge förmlich ausgesprochen, so dass man eigentlich meinen möchte, die Frage der Kompetenzverteilung zwischen Union und Glied-staaten sei im Gemeinschaftsrecht für alle Teile befriedigend gelöst. In der europäischen *Realität* spielt der Gedanke der Subsidiarität jedoch keine halbwegs erkennbare Rolle. Das hat, wie wir gesehen haben, naheliegende Gründe: Solche weitge-fassten Prinzipien funktionieren dann nicht, wenn sie in jedem einzelnen Fall erst vor Gericht eingeklagt werden müssen und das zuständige Gericht, hier also der Europäische Gerichtshof, zu ihrer Durchsetzung auch keine große Lust verspürt.

Die Folgerung, die aus diesem Zustand gezogen werden muss, ist relativ einfach: Wenn die Gesetzgebungsorgane der EU und der Europäische Gerichtshof nicht von sich aus bereit sind, das zu tun, wozu die Verträge sie eigentlich verpflichten, müssen die Regierungen der Mitgliedstaaten *präventiv* handeln, das heißt, sie müssen dort, wo es im Einzelfall um Fragen der Subsidiarität geht, schon im Gesetzgebungsverfahren *konkrete Detailformulierungen* durchsetzen, so dass auf das übergeordnete, aber nicht ernst genommene Prinzip gar nicht mehr zurückgegriffen werden muss.

Das ist eine sowohl schwierige als auch unangenehme Aufgabe, deren sich eine einzelne Regierung nicht immer mit Erfolg entledigen kann und deren Lösung sich von Fall zu Fall auch immer wieder anders gestalten wird. Hier soll daher gar kein erschöpfender Überblick über die denkbaren Fallvarianten versucht werden, darum mag vieles der Fantasie des Lesers überlassen bleiben. Zwei Hauptlinien des Problems und seiner denkbaren Lösung sollen jedoch wenigstens nachgezeichnet werden.

»German Vote«

Man kann der deutschen Bundesregierung und ihren Beamten nicht vorwerfen, dass sie in der Entstehungsphase neuer Gesetzgebungsakte aus Brüssel nichts gegen den ausufernden Normsetzungseifer europäischer Organe unternähmen, auch nicht was die Regelungsdichte neuer Richtlinien betrifft. Das gilt meist jedoch nur für die Entstehungsphase, nicht auch für die Phase der *Entscheidung*. In dieser geraten die deutschen Vertreter (wie viele andere) dann doch in eine Situation von höchster Unbequemlichkeit. Das hängt mit der Übung zusammen, im Ministerrat größere Entscheidungs*pakete* zu bilden und über sie sodann einheitlich abzustimmen. Gehört zu einem solchen »Paket« nun eine Verordnung oder Richtlinie, an welcher der deutschen Regierung besonders viel liegt, so kommt sie in die Zwangslage, auch einige Kröten zu schlucken, und sie kann froh sein, wenn diese nur im Hinnehmen übertrieben zahlreicher und detaillierter Bestimmungen in einem anderen Akt der EU-Gesetzgebung bestehen. In der Praxis der EU wird man so etwas nicht leicht verhindern können. Man könnte eigentlich nur ähnlich vorgehen wie im Strafrecht: Bei Delikten mit hoher Dunkelziffer werden mitunter im Einzelfall besonders strenge Sanktionen verhängt, um andere potenzielle Täter zumindest problembewusster zu machen.

Auf die geschilderte EU-Praxis übertragen, hieße das, dass sich Deutschland wenigstens in den Fällen öfter querlegen müsste, in denen ein Paket nur weniger wichtigen deutschen Interessen entgegenkäme. Ein wirklich für jeden Einzelfall gemeinter Vorschlag ist das freilich auch nicht. So wird nichts anderes übrig bleiben, als die Praxis der »Paketbildung« von Zeit zu Zeit – und in besonders »günstig« gelagerten Fällen – innerhalb des Rats, vor allem aber auch in der Öffentlichkeit zum Gegenstand von Erörterungen zu machen. Das mag wie eine Verlegenheitslösung aussehen. In der Politik, auch der europäischen, werden solche vorwiegend symbolischen Akte jedoch oft sehr ernst genommen. Man muss nur das Visier hochklappen und Farbe bekennen.

In der politischen Wirklichkeit laufen die Dinge, wenn man den Berichten aus Brüssel trauen darf, häufig andersherum. Zugegeben: Die Regierungen und ihre beamteten Vertreter kämpfen oft redlich gegen eine überschäumende Normenflut von Verordnungen und Richtlinien an. Wenn es dann aber zur Schlussabstimmung im Rat kommt, enthält sich Deutschland ebenso oft der Stimme, um nur ja dem Fluss der Normenproduktion nicht im Weg zu stehen. In Brüssel gibt es dafür, wie man hört, sogar einen Fachausdruck: »German vote«. Man kann sich dabei aber auch an ältere deutsche Vorbilder erinnern, wo die gleiche Sache wie folgt formuliert wurde: »Ablehnen, wenn Annahme gesichert.« In den immer häufiger werdenden Fällen einer Mehrheitsabstimmung kann man ja so verfahren, da merkt es meist keiner. Wenn aber Einstimmigkeit erzielt werden muss, dann hat jeder Mitgliedstaat ein völlig legitimes Vetorecht. Das sollte man gewiss nicht übermäßig strapazieren, aber warum macht man davon nicht wenigstens von Zeit zu Zeit Gebrauch – und sei es nur, um das Problembewusstsein der europäischen Bürokratie nicht erlahmen zu lassen?

Das Spiel über die Bande

Man gelangt übrigens auch zu wichtigen Erkenntnissen, wenn man die Entstehung neuer EU-Normen nicht erst vom Antrag der Kommission an in den Blick nimmt, sondern sich darüber hinaus die Frage stellt, wie diese selbst zu ihren Entwürfen gelangt. Legitim ist es eigentlich nur, wenn die dazu nötigen Anregungen von den Beamten der Kommission kommen. Aber es lässt sich nicht vermeiden, dass diese ihrerseits Anregungen von allen möglichen Seiten erhalten, insbesondere aus den Bürokratien der Mitgliedstaaten und aus den verschiedensten Verbänden, die häufig sogar eigene Büros in Brüssel unterhalten. Was diesen letzteren Weg betrifft, wird man wohl nur durch die Herstellung größerer Transparenz mehr Licht schaffen können. Anders verhält es sich dagegen mit den Anregungen, die die Brüsseler Beamten von ihren »Amtsbrüdern« in den Hauptstädten der Mitgliedstaaten bekommen, und hier sind Gegenmaßnahmen gegen die augenblickliche Praxis sehr angebracht.

Wenn man den Berichten der Auguren Glauben schenken darf, ist es eine eingewurzelte Übung, dass Beamte der Mitgliedstaaten, deren Ideen und Vorschläge von ihrer eigenen Regierung nicht übernommen worden sind, sich hinter ihre Kollegen in der EU-Bürokratie stecken und diese die fragliche Anregung sodann in einen Entwurf für die Kommission aufnehmen. Dann kann das bereits geschilderte Spiel nach den Regeln der Gemeinschaftsverträge beginnen und anschließend im Regelfall auch abgeschlossen werden. In Brüssel und in den Hauptstädten der Mitgliedstaaten nennt man das »Über-die-Bande-spielen«. Dieser Ausdruck stammt aus dem Billardspiel, bei dem der Ball gegen die Bande gespielt wird und das Ziel erst indirekt trifft. Bei Vorhaben, die mittels nationaler Gesetzgebungsprozesse nicht verwirklicht werden können, wählen aber auch die an einer bestimmten Regelung Interessierten gerne den Umweg über übergeordnete Einrichtungen wie die Institutionen der EU.

Man könnte den Standpunkt vertreten, dass diese Methode nur deshalb Aussicht auf Erfolg hat, weil die Bereitschaft zum Erlass neuer Vorschriften in Brüssel eben (noch) größer als in den Hauptstädten der Mitgliedstaaten ist. Das mag richtig sein, führt aber nur zu der berühmten Katze, die sich selber in den Schwanz beißt. Wenn man wirklich etwas ändern will, muss man am Anfang beginnen, indem man etwa mehrere Male hintereinander ein Veto gegen eine entstandene Vorschrift einlegt, und zwar exakt mit der Begründung, es sei hier »über die Bande« gespielt worden. Man kann aber auch gegenüber den eigenen Beamten ein klares Verbot solchen Verhaltens aussprechen und – wiederum mehrfach hintereinander – auf Verstöße so reagieren, wie es im Gesetz vorgesehen ist: mit einer Disziplinaranklage. Nur wenig kenntnisreiche Menschen können glauben, dass so etwas nicht wirkt – das Gegenteil ist der Fall.

Mit wenigen Worten …

In den Jahrzehnten ihres Bestehens hat die Europäische Union mehrfach ihre Funktionen verändert. Das bedingt auch Wandlungen ihrer Organisation und Willensbildung.

Die Unionsbürger von heute erwarten von der EU – neben der Friedenswahrung im Innern – vor allem zwei Leistungen:
- den Erhalt des mittlerweile erreichten Wohlstands
- ein kraftvolles Auftreten der EU in der sich neu organisierenden Welt.

Für beide Aufgaben ist ein starkes Europa notwendig. In ihrer heutigen Form ist die EU aber schwach, vor allem weil ihr die nötigen außenpolitischen Kompetenzen fehlen und weil sie sich durch Bürokratismus und Normenhypertrophie selbst im Wege steht.

Notwendig ist daher eine alsbaldige Reform der EU, teils durch Änderungen in den Gemeinschaftsverträgen, teils durch zurückhaltenderen Gebrauch der den EU-Organen zustehenden Befugnisse.

Im Vordergrund müssen insbesondere folgende Punkte stehen:

1. Die Verteilung der Zuständigkeiten zwischen der EU und ihren Mitgliedstaaten bedarf in vielen Fragen einer entschiedenen Präzisierung. Zuständigkeitsvorschriften vertragen keine vagen Begriffe, sie müssen glasklar sein.

2. Die Zuweisung neuer Zuständigkeiten an die EU, etwa in der Außen- oder Haushaltspolitik, muss sich auf ganz wenige, in knappen Katalogen aufgeführte Punkte beschränken.

3. Die Grundsätze, nach denen neue Staaten in den Mitgliederkreis aufgenommen werden, sind prinzipiell neu zu überdenken. Europa wird nicht stark, wenn es möglichst groß wird.

4. In ihrer Innenpolitik hat die EU erheblich mehr als bisher dem Grundsatz Rechnung zu tragen, dass die Mitgliedstaaten dem Bürger und seinen Problemen näherstehen als sie selbst (»Subsidiarität«).

5. Aus diesem Grund soll man bei der Gesetzgebung, wo immer es sinnvoll ist, der Richtlinie den Vorzug vor der Verordnung geben.

6. Ein Übermaß an Rechtsvorschriften stärkt die EU nicht, sondern schwächt sie in ihrer Handlungsfähigkeit. Die Zahl der EU-Bestimmungen, auch der heute bereits bestehenden, sollte mindestens um 40 bis 50 Prozent reduziert werden.

7. Die Reform der EU, insbesondere die Verschlankung (und damit Stärkung) ihrer Aktivitäten, ist nicht nur Aufgabe der EU-Organe, sondern auch der Mitgliedstaatsregierungen beziehungsweise -parlamente, die unter anderem dazu ihre Vetorechte und Vetomöglichkeiten haben.

Anhang

Biographie

1934

5. April geboren in Landshut

1953 – 1957

Studium der Rechtswissenschaften an der
Ludwig-Maximilians-Universität in München

1957

Erste juristische Staatsprüfung

1958

Promotion

1958 – 1964

Wissenschaftlicher Assistent an der Juristischen Fakultät
der Universität München

1961

Zweite juristische Staatsprüfung

1964

Habilitation

1966 – 1969

Professor für Staatslehre und Staatsrecht an der
Freien Universität Berlin

1969 – 1973

Professor für Staatslehre und Politik an der
Hochschule für Verwaltungswissenschaften in Speyer,
1971/72 Rektor

1971 – 1980

Vorsitzender der Kammer für öffentliche Verantwortung
der Evangelischen Kirche in Deutschland

Seit 1972

Ordentliches Mitglied der Synode der
Evangelischen Kirche in Deutschland

1973 – 1978

Bevollmächtigter des Landes Rheinland-Pfalz
am Sitz der Bundesregierung

1978 – 1980

Minister für Kultus und Sport des
Landes Baden-Württemberg

1978 – 1983

Bundesvorsitzender des Evangelischen Arbeitskreises
der CDU/CSU

1980 – 1983

Mitglied des Landtags und Innenminister von
Baden-Württemberg

1983 – 1987

Vizepräsident des Bundesverfassungsgerichts

1987 – 1994

Präsident des Bundesverfassungsgerichts

1994 – 1999

Bundespräsident

Nach Ende der Amtszeit

Wissenschaftliche und publizistische Tätigkeit

2000

Leitung des ersten europäischen Konvents zur
Erarbeitung einer Charta der EU-Grundrechte;
Vorlage der Empfehlungen der Herzog-Kommission
für die zukünftige Parteienfinanzierung

seit Oktober 2003

Leitung des »Konvents für Deutschland«; Hauptthema:
die Verbesserung der Reformfähigkeit Deutschlands

Kuratoriumsvorsitzender diverser Stiftungen in Deutschland,
u.a. der Konrad-Adenauer-Stiftung, der Stiftung Brandenbur-
ger Tor und des cep – Centrum für Europäische Politik

Zahlreiche Ehrungen und Preise

Sachregister